용기를 내어 당신이 생각하는 대로 살아야 합니다.
그렇지 않으면 머지않아 당신은 사는 대로 생각하게 될 것입니다.
― 폴 부르제(프랑스의 시인, 철학자)

Il faut vivre comme on pense,
sans quoi l'on finira par penser comme on a vécu.
― Paul Bourget

터닝포인트는 삶에 긍정적 변화를 일으키는 좋은 책을 만들기 위해 최선을 다합니다.

손바느질로 만드는 친절한

친절한 DIY 교과서 No. 021

퀼트 지갑 & 파우치 DIY

김성미(로지) 지음

터닝포인트

손바느질로 만드는
친절한 퀼트 지갑&파우치 DIY

2014년 7월 10일 초판 1쇄 발행
2026년 1월 10일 초판 7쇄 발행

지은이	김성미
펴낸이	정상석
기획·편집	문희언
편집 디자인	앤미디어
표지 디자인	이지선
일러스트	홍수정
작품 사진 촬영	이성우(G1-studio)
스타일링	이규엽
펴낸 곳	터닝포인트
등록번호	2005. 2. 17 제6-738호
주소	(03991)경기도 남양주시 경춘로 490 힐스테이트 지금디포레 8056호
대표전화	(031)567-7646
팩스	(031)565-7646
홈페이지	www.diytp.com
ISBN	978-89-94158-56-3 13630
정가	18,000원

재료 협찬   로지샵(www.Rosyshop.co.kr)

내용 및 원고 집필 문의   diamat@naver.com
(터닝포인트는 삶에 긍정적 변화를 가져오는 좋은 원고를 환영합니다.)

작가의 말 Preface

여러분은 퀼트를 시작할 때 어떤 걸 만들고 싶으셨나요?
저는 파우치, 지갑 등 **실용적인 소품**에 마음이 끌렸어요.
벽걸이나 이불보다는 빠르게 완성할 수 있고, 주변에 선물하기도 좋았고요.
예쁜 원단을 이어 배색이 어우러지는걸 보는 것도 재밌지요.

처음에는 그냥 한 가지 모양만 원단을 바꿔가며 만들었던 거 같아요.
사각파우치만 다른 원단으로 여러 개… 지퍼 달린 필통만 원단 바꿔 여러 개…
그래도 마냥 예쁘고 즐거웠어요.

하지만 점점 **다양한 형태의 패턴**에 목마르게 되더군요.
다들 저와 비슷할 거라 생각해요.

그래서 이 책에서는 **다채로운 모양의 파우치**와 **지갑**을 소개하려 합니다.
수록된 작품들은 되도록 다 다른 형태의 패턴을 사용하도록 신경 썼어요.
하나하나 따라하면서 퀼트로 **소품 만드는 재미**에 푹 빠져보시면 어떨까요?

로지 김성미

목차 Contents

 **퀼트와 바느질 기초**

기본 퀼트 용어 08	주의 사항 & 만들기 팁 11	부자재 14
바느질 방법 08	재단도구 12	접착솜 · 심지 15
스티치 방법 10	기초도구 13	

 **작품 따라하기**

01 피드색 머니클립 18

02 타샤가든 장지갑 22

03 베이비블루 장지갑 28

04 플뢰르 카드지갑 34

05 앤틱 트윈 파우치 38

06 퍼프 파우치 44

 **다양한 지갑 만들기**

07 딸기 더블프레임 동전지갑 52

08 롤리팝 동전지갑 56

09 요요써클 동전지갑 60

10 앤의 여행 동전지갑 64

11 하트 동전지갑 70

12 루돌프, 산타 마카롱 동전지갑 74

13 눈사람 마카롱 동전지갑 84

14 데이지 클립형 반지갑 90

 **15** 심플패치 반지갑 98

 **16** 사보너리 장지갑 104

 **17** 앤과 친구들 카드지갑 114

 ## 쓰임새 좋은 파우치 만들기

 **18** 라벨르 사각 파우치 120

 **19** 로제 파우치 126

 **20** 리버티 쏘잉박스 132

 **21** 마끼 파우치 138

 **22** 반달패치 파우치 144

 **23** 버터컵 파우치 152

 **24** 벚꽃 파우치 158

 **25** 보랭 물병 주머니 164

 **26** 뚜르 에펠 파우치 172

 **27** 살롱드떼 파우치 178

 **28** 네코냥 파우치 182

선물하기 좋은 필통 만들기

 **29** 스쿨버스 필통 190

 **30** 마트료시카 필통 198

PART 1

퀼트와 바느질 기초

퀼트 바느질을 이용하여 여러 가지 소품을 만들기 위해 알아야 할 내용을 정리했습니다. 손쉬운 손바느질 방법, 자수 놓는 방법과 소품 만들기에 필요한 도구와 재료 등을 익혀서 바로 시작해 보세요.

기본 퀼트 용어

퀼트: 겉지, 솜, 속지를 순서대로 놓고 누빈 것입니다.
퀼팅: 겉지, 솜, 속지를 합쳐 누비는 작업입니다.
패치워크: 삼각형, 사각형, 마름모형 등 2장 이상의 천 조각을 바느질해 서로 이어붙이는 것입니다.
패치: 피스라고도 하며 천 조각들을 패턴대로 잘라 놓은 조각입니다.
바이어스: 가장자리를 깔끔하게 바이어스 테이프로 감싸거나 겉지나 속지로 감싸는 방법입니다.
아플리케: 바탕천 위에 원하는 형태의 다른 천 조각들을 바느질해서 덧대는 방법입니다.
패턴: 퀼트의 다양한 도안입니다.

바느질 방법

홈질
박음질
반박음질

공그르기(아플리케)
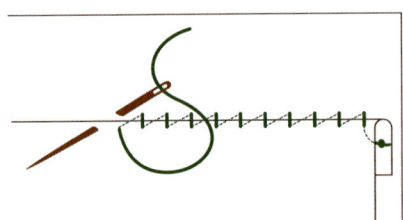

공그르기(2장 연결)
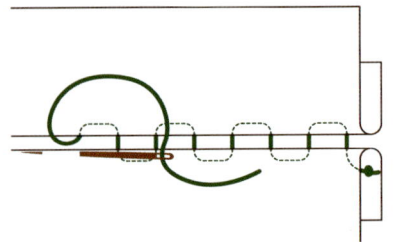

감침질
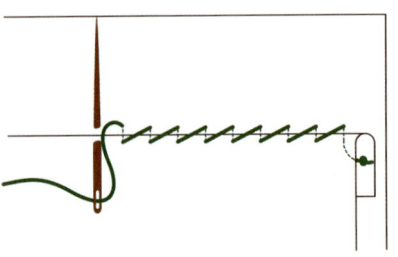

시침질하기
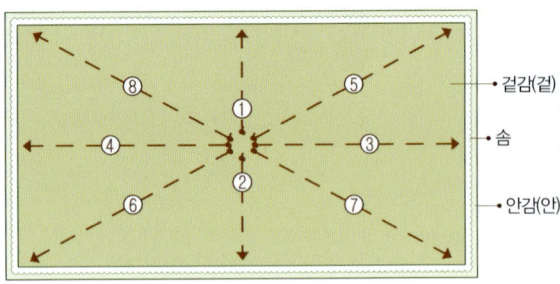

매듭짓기

1 왼손 검지에 바늘 끝이 위로 가도록 바늘을 잡습니다.
2 바늘 끝에 실을 감아 감은 실 부분을 잡습니다.
3 화살표 방향으로 바늘을 뽑으면 실 끝에 매듭이 생깁니다. 패치워크 시에는 2~3회 실을 감아 큰 매듭을 만들고, 퀼팅 시에는 1회 실을 감아 작은 매듭을 만듭니다.

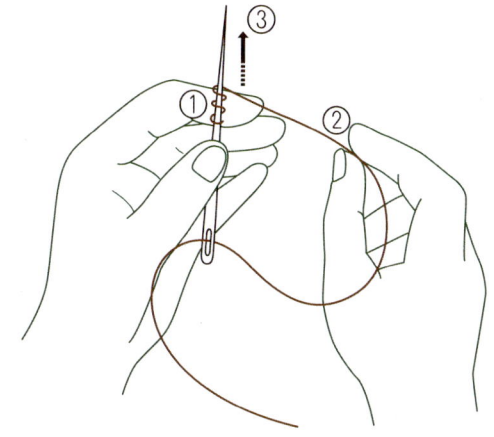

퀼팅하기

퀼팅 시 바늘에 실을 한 번만 감아 매듭을 작게 만들고, 첫 땀을 뜰 때 살짝 당겨 매듭이 솜 사이로 들어가게 합니다. 첫 땀은 뒤로 한 땀 되돌아가 홈질로 진행하고, 마지막 땀도 한 땀 되돌아간 후 매듭이 솜 사이로 가도록 살짝 당깁니다.

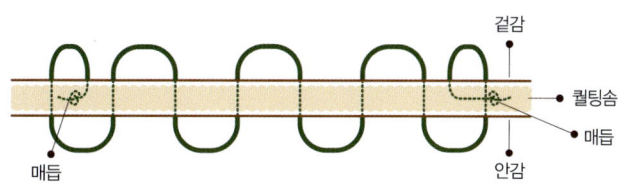

니틀 턴 아플리케

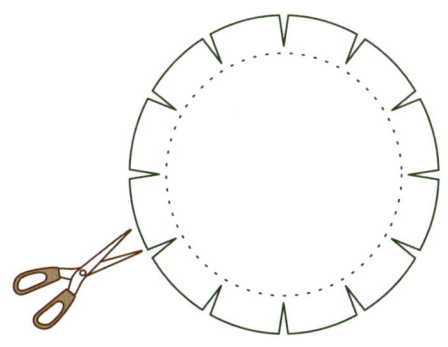 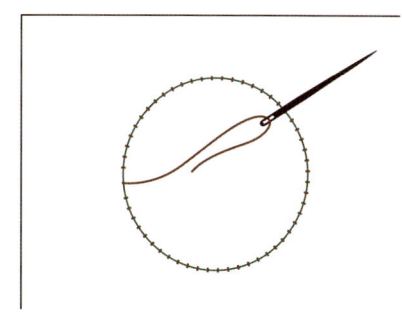

1 원단 겉면에 완성선을 그린 후 0.3~0.5cm 시접을 남기고 재단합니다. 곡선 면 시접에 가위집을 넣습니다.

2 바늘 끝으로 시접을 접어 넣으면서 바탕 원단에 공그르기합니다.

 ## 스티치 방법

• 러닝 스티치

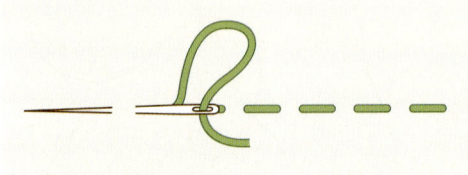

• 아우트라인 스티치

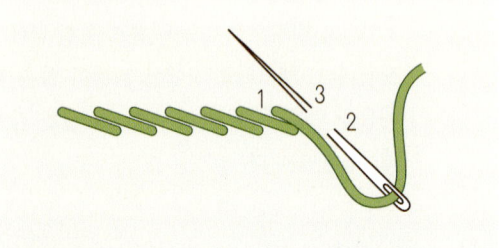

• 백 스티치

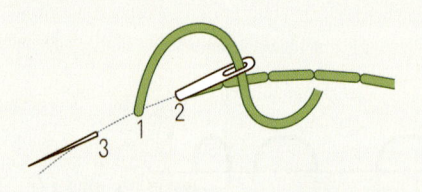

• 코칭 스티치

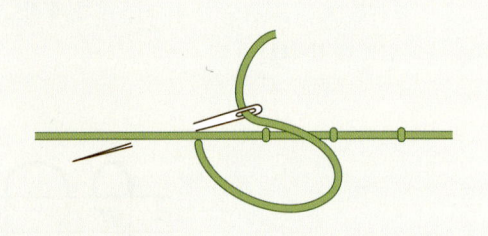

• 체인 스티치

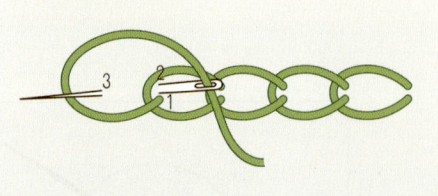

• 레이지 데이지 스티치

• 프렌치 넛 스티치

• 블리언 스티치

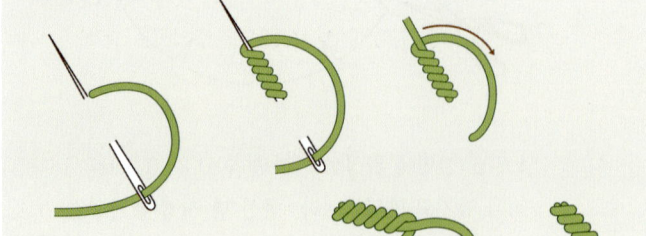

• 플라이 스티치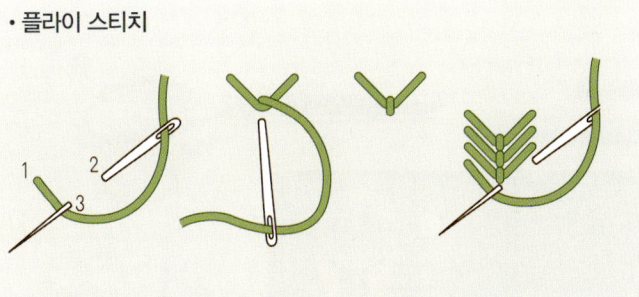

• 새틴 스티치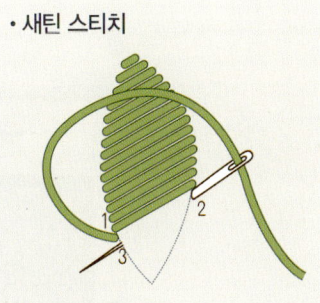

• 스파이더 웹 로즈 스티치

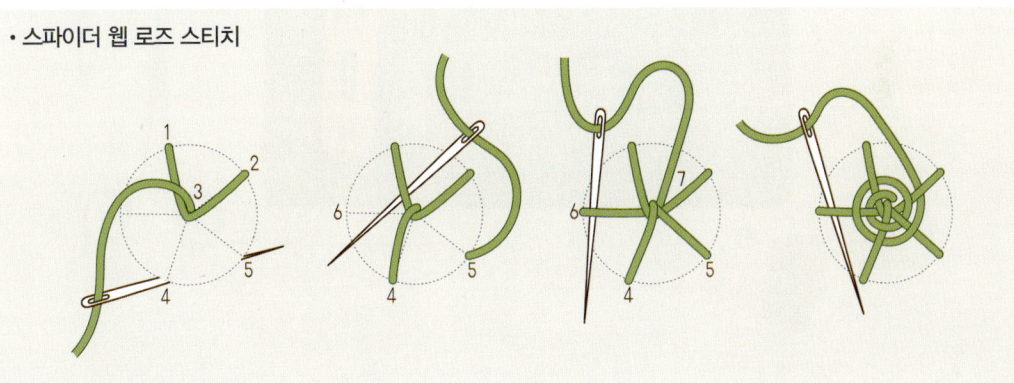

주의 사항 & 만들기 팁

- 실물본의 도안은 완성선입니다. 특별한 표기가 없으면 시접 7mm를 남기고 재단합니다.
- 원단은 선세탁 또는 물을 뿌려 다림질 후 사용합니다.
  (선세탁 방법: 찬물에 세제 없이 조물조물 빨아서 건조 후 다림질)
- 매 과정마다 다림질을 하면서 만들면 완성도가 높아집니다.
- 접착솜이나 휘저블시트를 사용할 때 다리미에 접착 물질이 닿지 않도록 주의합니다.

 재단도구

❶ **가위:** 재단가위, 아플리케가위. 큰 원단을 자를 때 사용하는 재단가위와 작은 조각 재단이나 아플리케 시 사용하는 끝이 날카로운 아플리케가위, 이렇게 두 가지를 준비하면 좋습니다.

❷ **겸자:** 지갑이나 소품은 바느질 후 원단을 뒤집어야 하는 경우가 많습니다. 겸자를 사용하면 손가락이 닿지 않는 작은 조각도 쉽게 뒤집을 수 있습니다.

❸ **수성펜, 아이롱펜, 챠코펜슬:** 원단에 도안을 옮겨 그릴 때는 지워지는 펜을 사용합니다. 수성펜은 물을 뿌리면 사라집니다. 아이롱펜은 다림질, 드라이어 열풍 등으로 지워집니다. 챠코펜슬은 세탁 후 지워집니다.

❹ **시접자, 줄자:** 시접선(7mm)이 표시된 시접자를 사용하면 편리합니다. 곡선 부위의 길이를 측정할 때는 줄자를 사용합니다.

❺ **커팅매트, 로터리 커터:** 자를 대고 직선으로 똑바르게 재단할 때 사용합니다. 로터리 커터는 반드시 전용 커팅매트에서 사용해야 합니다.

기초도구

❶ **퀼팅바늘, 아플리케바늘, 자수바늘, 시침바늘:** 용도에 맞는 바늘을 사용하면 좀 더 보기 좋은 결과물을 얻을 수 있습니다. 기본적으로 퀼팅바늘을 가장 많이 사용합니다.

❷ **고무골무, 링골무:** 고무골무는 오른손 두 번째 손가락에, 링골무는 가운데 손가락에 착용합니다. 고무골무는 바늘을 잡아 뽑을 때 미끄러지지 않게 하는 용도입니다. 링골무는 바늘 뒤를 밀어 퀼팅을 도와줍니다. 손의 보호를 위해 반드시 착용하는 습관을 갖는 것이 좋습니다.

❸ **퀼팅실, 아플리케실, 시침실:** 기본적으로 사용하는 실은 퀼팅실입니다. 면사로 된 퀼팅실은 조각 연결, 퀼팅 등에 두루 사용하기 좋습니다. 아플리케실은 퀼팅실보다 가늘어서 깔끔한 아플리케 완성품을 보여줍니다. 시침실은 굵은 면사로 시침질에 사용합니다.

❹ **수실:** 자수바늘과 함께 사용하며 일반적인 십자수실을 주로 사용합니다. 6가닥이 꼬여있는 십자수실을 풀어 두 줄 또는 세 줄로 스티치에 사용합니다.

❺ **시침핀, 핀쿠션, 자석 접시:** 조각이나 파트를 임시 고정할 때 퀼트용 시침핀을 사용합니다.

 부자재

❶ **퀼팅 노루발, 재봉틀:** 바이어스, 옆선 연결 등에는 재봉틀을 사용하면 좀 더 반듯하게 작업할 수 있습니다. 여러 겹을 한꺼번에 바느질하므로 퀼팅 노루발을 준비하면 좋습니다.

❷ **원단:** 디자인에 맞는 색상을 선택합니다. 주로 20~30수 퀼트 원단을 사용합니다.

❸ **프레임, 지퍼:** 파우치의 입구 마무리에는 프레임이나 지퍼를 사용합니다.

❹ **방울솜:** 인형이나 쿠션 속에 넣는 몽글몽글한 솜입니다.

접착솜·심지

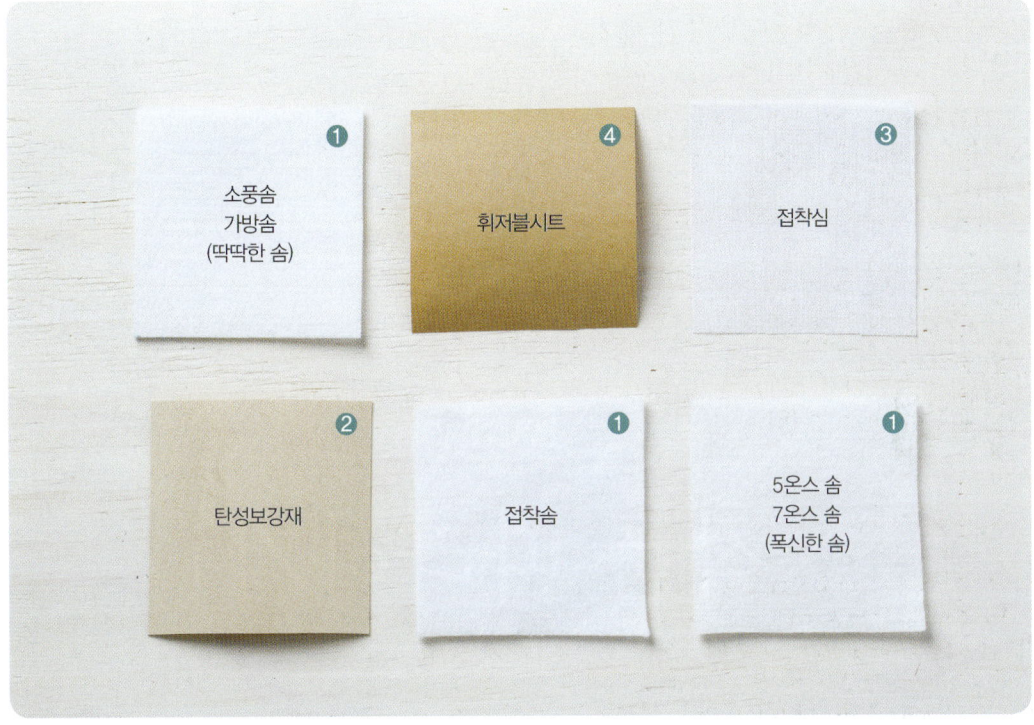

❶ **퀼팅솜:** 파우치와 지갑에는 디자인에 따라 다양한 퀼팅솜을 사용합니다.

2온스 접착솜, 4.5온스 접착솜(폭신한 접착솜) – 한쪽에 풀이 발린 솜으로 퀼팅 없는 작품에 사용

2온스 퀼팅솜, 5온스 퀼팅솜(폭신한 일반솜) – 주름이 있거나 부드러운 느낌으로 완성되는 작품에 사용

3온스 소품솜, 4온스 가방솜(딱딱한 솜) – 모양이 잡히는 지갑이나 파우치에 사용

❷ **탄성보강재:** 바이어스가 없는 지갑에 솜 대신 사용합니다.

❸ **접착심:** 접착심은 단면이 접착되는 심지입니다. 지갑 카드 칸 등의 모양을 힘 있게 유지할 때 사용합니다.

❹ **매직 휘저블시트:** 양면 접착시트입니다. 원단 2장을 완전히 접착시킵니다. 주로 지갑 포켓에 사용합니다.

> ✻ **일러두기**
> 이 책에 실린 작품의 난이도는 별(★) 개수로 표시했습니다. 별이 많을수록 난이도가 높아지니 만들 때 참고하세요.

PART 2

작품 따라하기

바느질이 처음인 초보자도 쉽게 따라 만들 수 있도록 사진을 통해 만드는 방법을 소개합니다. 과정 설명을 따라 차근차근 만들기 시작하면 어느새 완성입니다.

01 피드색 머니클립

난이도 중급 ★★★
사이즈 11×11cm

01 피드색 머니클립

준비하기
헥사곤 겉감 원단 28종(4×4cm), 본체 겉감 원단(25×15cm), 전체 안감 원단(30×15cm), 카드 칸 안감 원단(15×40cm), 날개 안감 원단(20×10cm), 가방솜(30×15cm), 휘저블시트(20×10cm), 바이어스(80×3.5cm), 머니클립 부속 1개, 스냅단추(직경 8mm) 1개, 장식 테이프, 단추

재단하기
특별한 표기가 없는 부분은 시접 7mm를 남기고 재단합니다.
헥사곤 A: 실물본 28장, **본체 겉감 B**: 실물본 1장, **전체 안감 C**: 실물본 1장, **카드 칸 D**: 9×32cm 1장, **날개 E**: 실물본 2장, **솜**: 전체 크기 1장, **카드 칸 D용 휘저블시트**: 9×2cm 3장(시접 없음), **날개 E 휘저블시트**: 실물본대로 1장

전개도

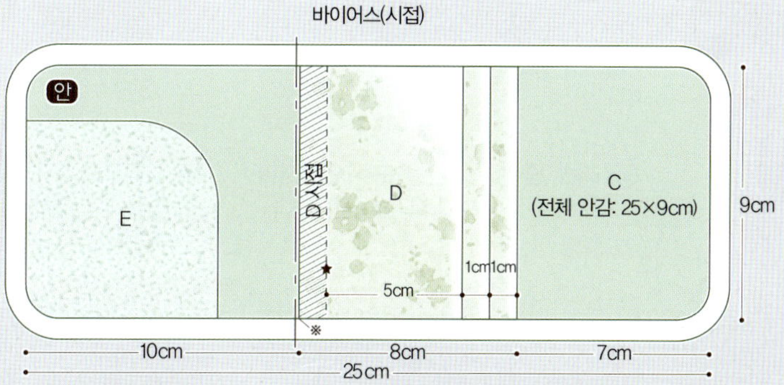

단면도

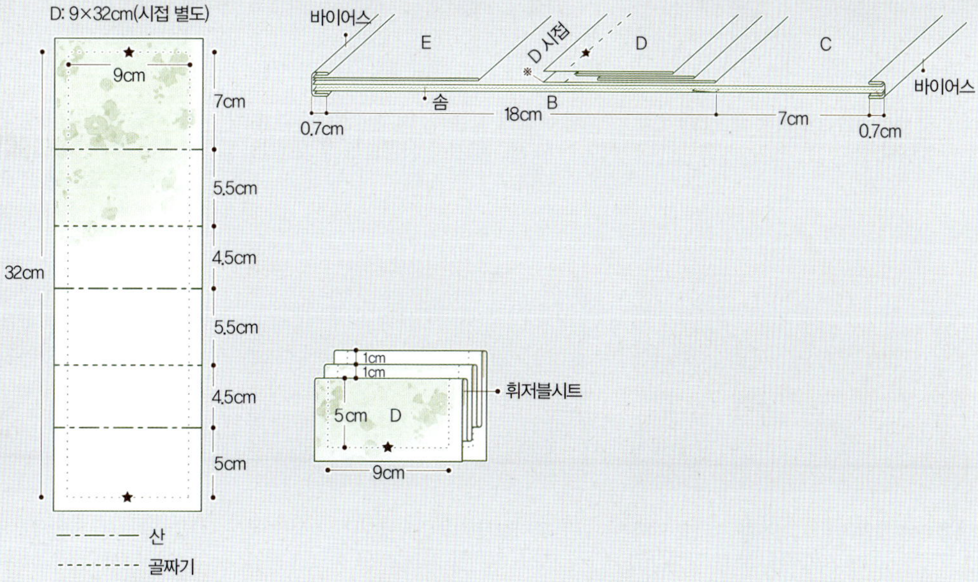

피드색 머니클립 만들기

01 예쁜 무늬 부분에 맞춰 조각 원단 A 겉면에 헥사곤을 그립니다.

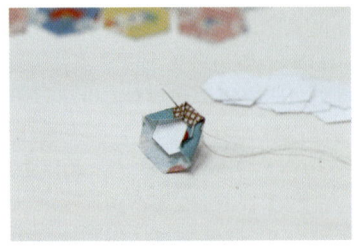

02 헥사곤 안에 종이본을 넣고 시접을 접으며 시침질하세요.

03 여러 헥사곤을 안쪽에서 감침질로 연결합니다.

04 헥사곤을 한 줄 씩 연결합니다.

05 다섯 줄의 헥사곤을 모두 연결하여 본체 뚜껑 부분의 겉감을 만듭니다.

06 시침실을 풀어 종이본을 뺍니다. 가장자리의 시접은 펴서 다림질하여 정리합니다.

07 헥사곤 뚜껑 A와 본체 겉감 B를 연결합니다.

08 완성된 겉감(A+B), 솜, 안감 C의 순서대로 겹쳐서 시침질한 후 퀼팅합니다.

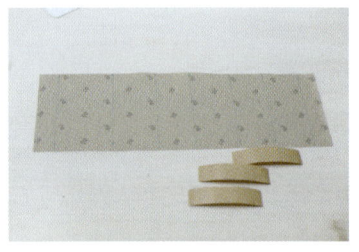

09 카드 칸 안감 D로 카드 칸을 만듭니다. 안쪽에 붙일 휘저블시트를 준비하세요. 접은 선에 힘을 주기 위해 접는 선마다 휘저블시트를 붙입니다.

10 D에 도안대로 사이즈를 그리고 안쪽 접는 선마다 휘저블시트를 다림질로 붙이세요.

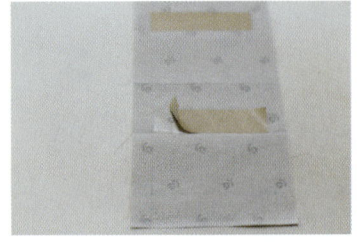

11 휘저블시트의 열기를 완전히 식힌 후 보조 종이를 떼세요. 덜 식으면 종이가 잘 안 떼어집니다.

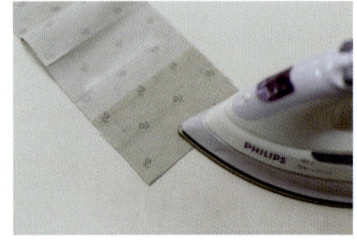

12 안감 D를 도안대로 접어서 겉감 쪽에서 다시 다림질하세요.

13 카드 칸의 접히는 선마다 원단 2장이 붙었습니다.

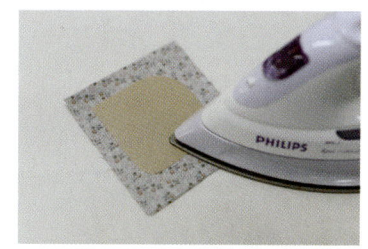

14 날개 안감 E로 주머니 날개를 만듭니다. E 1장의 안쪽에 날개용 휘저블시트를 다림질로 붙이세요.

15 E 2장을 겉끼리 만나게 겹친 후 반원 부분을 바느질합니다. 휘저블시트의 종이는 떼고, 곡선 시접에는 가위집을 냅니다. 뒤집어서 겉이 보이게 한 후 다림질하여 2장을 완전히 붙입니다.

16 퀼팅을 마친 본체 겉에 실물본을 올려서 완성선을 다시 한 번 수성펜으로 그리세요. 퀼팅하면 사이즈가 줄어듭니다. 지갑은 사이즈를 정확히 맞춰야 하므로 다시 사이즈를 보정하는 작업입니다.

17 시접 7mm를 남기고 여분의 시접을 깨끗이 잘라 준비합니다.

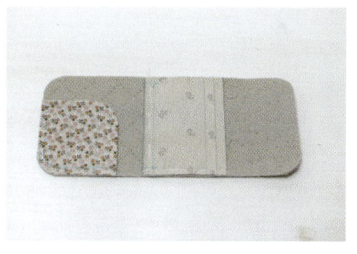

18 안쪽 전개도 치수에 맞춰 날개와 카드 칸을 시침질합니다.

19 겉감 겉쪽에 바이어스 겉이 만나게 바이어스를 시침한 후 바느질하세요.

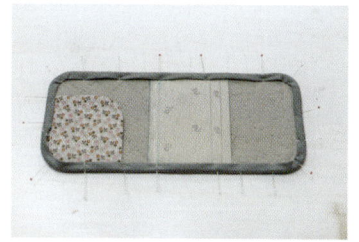

20 바이어스를 안쪽으로 꺾어 시접을 접어 넣고 공그르기하여 바이어스를 마무리합니다.

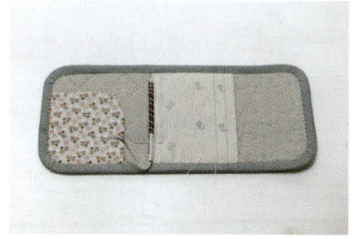

21 머니클립 부속을 전개도의 머니클립 중심 위치에 시침질합니다. 사진처럼 부속을 돌돌 말듯이 실로 고정하세요.

22 머니클립 부속을 감싸듯이 본체를 반으로 접어 업다운 홈질로 부속을 튼튼하게 고정합니다.

23 뚜껑을 덮어 위치를 가늠하여 스냅단추를 달고 테이프와 단추 등으로 장식하면 완성입니다.

02 타샤가든 장지갑

난이도 고급 ★★★★
사이즈 20×11cm

02 타샤가든 장지갑

준비하기
라미네이트 겉감 원단(30×25cm), 카드 칸+전체 안감 원단(110×25cm), 지퍼 칸+옆판 안감 원단(50×25cm), 지퍼(40cm, 17cm 각 1개씩), 접착심(30×25cm), 탄성보강재(30×25cm), 휘저블시트(55×25cm), 2온스 접착솜(30×25cm), 레이스, 단추 등 장식 재료

재단하기
특별한 표기가 없는 부분은 시접 7mm를 남기고 재단합니다.
본체 겉감 A: 실물본 1장(시접 1.5cm), **카드 칸 B**: 104.4×20cm 1장, **지퍼 칸 C**: 18×16cm 1장, **옆판 D**: 실물본 4장, **탄성보강재**: A 실물본 1장(시접 없음), **전체 솜(2온스 접착솜)**: A 겉감 실물본의 표기대로 1장, **옆판 D 휘저블시트**: D 실물본 2장(시접 없음), **지퍼 칸 C 휘저블시트**: 19×16cm 1장(시접 없음), **카드 칸 B 휘저블시트**: 20×2cm 8장(시접 없음), **접착심**: A 보다 길이 6mm 짧게 1장(시접 없음)

전개도

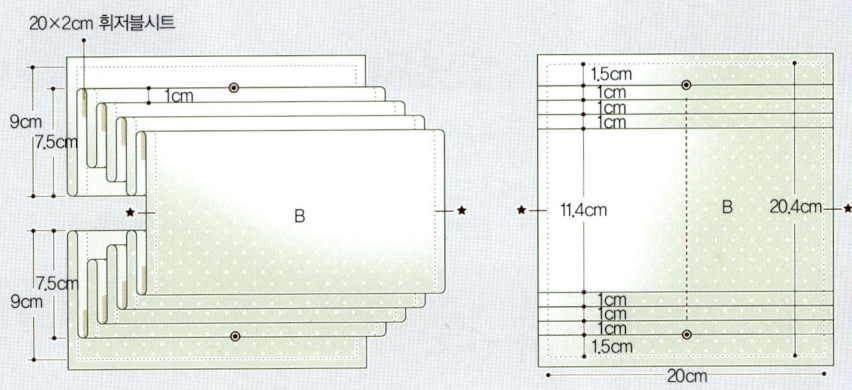

카드 칸 B 전개도

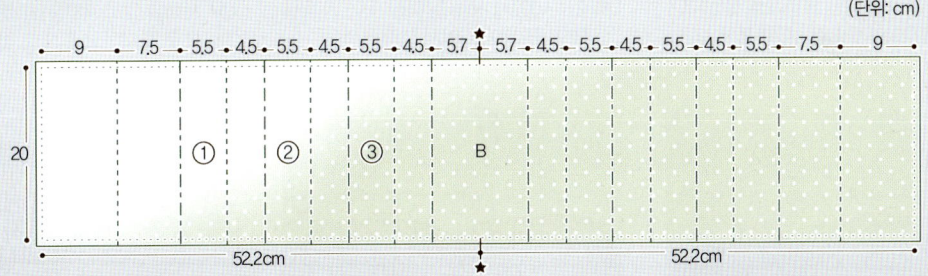

타샤가든 장지갑 만들기

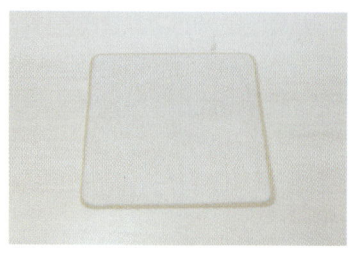

01 탄성보강재에 2온스 접착솜을 붙입니다. 접착 시 솜 위에 원단을 덮고 다림질하세요.

02 바닥에 본체 겉감 A를 놓고 탄성보강재를 뒤집어서 솜이 아래로 가게 하여 솜과 겉감 안이 만나게 위치를 잡습니다. 탄성보강재 테두리에 양면 테이프를 붙이세요.

03 본체 겉감의 시접을 접어 넣어 탄성보강재의 양면 테이프에 붙이세요. 이때 옆선(본폴더가 있는 쪽)은 바짝 붙이고 위, 아래는 살짝 여유 있게 당기지 않으면서 붙입니다.

04 모서리는 시접에 가위집을 넣어 탄성보강재 쪽으로 꺾어 넘겨 투명 테이프로 고정합니다.

05 반으로 접어 보면서 편하게 접히는지 확인합니다. 겉쪽으로 휘어지면 위, 아래 시접을 떼어서 편안하게 접히도록 조정하세요.

06 라벨이나 레이스 등의 장식을 한다면 이 단계에서 하세요. 완전히 펼치면 겉감에 여분이 생기는 것이 바르게 된 것입니다.

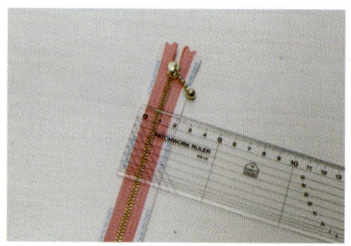

07 지퍼 양쪽에 양면 테이프를 붙입니다. 테이프가 붙지 않은 지퍼 폭은 1.5cm입니다.

08 가운데에서 1cm 떨어진 곳에 지퍼를 양면 테이프로 임시 고정하세요.

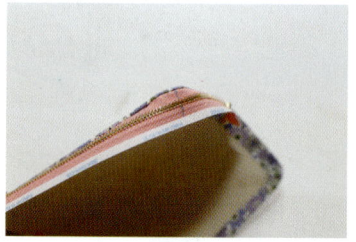

09 지퍼를 닫고 꺾어지는 부분에 수성펜으로 표시하고 핀으로 맞춥니다.

10 다른 한쪽의 나머지 지퍼 부분도 양면 테이프로 임시 고정합니다.

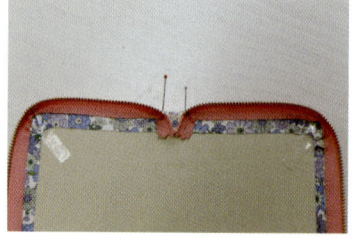

11 안쪽에서 본 모습입니다. 지갑을 닫아서 모양이 잘 되었는지 확인하세요.

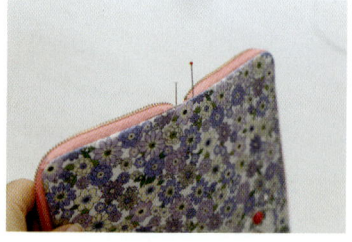

12 공그르기로 지퍼와 겉감을 연결합니다. 이때, 겉감이 안쪽으로 꺾어지는 경계의 아주 살짝 안쪽과 지퍼를 연결하세요.

13 지퍼를 본체 겉감에 바느질한 모습입니다. 안감을 만들어서 겉감과 연결합니다.

14 우선 카드 칸 안감 B를 만듭니다. 전개도대로 접어서 접힌 선 안쪽에는 휘저블시트를 다림질로 붙이고, 식힌 후 종이를 떼고 겉감 쪽에서 한 번 더 다림질합니다.

15 카드 칸을 전개도대로 접으면 사진처럼 됩니다. 지폐가 들어갈 제일 위와 아래 칸을 빼고 나머지 카드 칸은 가운데를 바느질해서 양쪽으로 나누세요.

16 카드 칸 뒷면에 접착심을 다림질로 붙입니다.

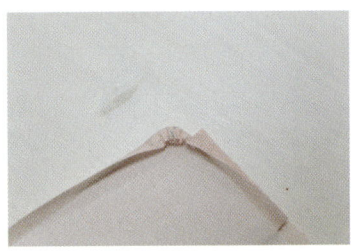

17 둥근 모서리는 시접에 홈질하여 잡아당긴 후 다림질하여 모양을 만듭니다.

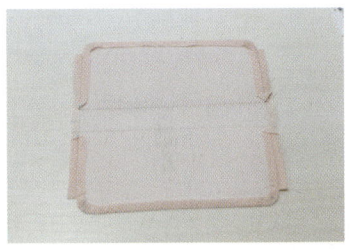

18 이렇게 사진처럼 시접을 접어 다림질하세요.

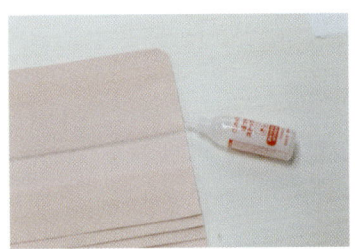

19 접지 않은 양옆의 시접은 자르고 올풀림 방지제를 바릅니다.

20 지퍼 칸 C를 만듭니다. C 안쪽에 휘저블시트를 붙이세요.

21 C를 안쪽이 보이게 반으로 접어 바느질합니다.

22 휘저블시트의 종이를 떼고 뒤집습니다. 다림질하여 원단 2장을 완전히 붙입니다.

23 이렇게 만든 C에 지퍼를 답니다.

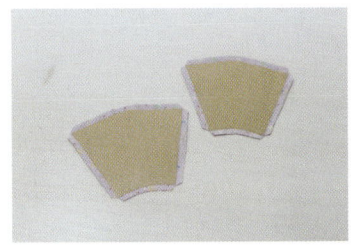

24 옆판 D의 겉끼리 만나게 2장을 겹쳐 안쪽에 옆판 휘저블시트를 붙인 후, 창구멍을 남기고 둘레를 바느질합니다. 2세트 만듭니다.

25 종이를 떼고 뒤집어서 다림질하여 2장의 원단을 붙인 후 사진처럼 접어 다림질합니다.

26 지퍼 칸 C를 옆판 D에 끼워 5mm 위치에 수성펜으로 바느질 선을 긋습니다.

27 업다운 홈질로 촘촘히 바느질하세요. 지퍼 칸 양쪽 모두 같은 방법으로 옆판을 바느질합니다.

28 이렇게 만든 지퍼 칸과 옆판 D를 카드 칸 B에 시침질합니다.

29 안감을 사진처럼 정리하여 만들어둡니다.

30 전체 안감(B+C+D)을 겉감 A 안쪽에 넣고 모양을 잡아 집게로 고정합니다. 안감은 겉감보다 길이가 약간 짧습니다.

31 겉감과 안감 둘레를 안쪽 3mm 위치에 퀼팅 실 두 겹으로 업다운 홈질하여 연결하면 완성입니다.

ⓞ③ 베이비블루 장지갑

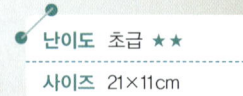

난이도 초급 ★★
사이즈 21×11cm

03 베이비블루 장지갑

준비하기
라미네이트 겉감 원단(50×25cm), 전체 A 안감 원단(30×25cm), 도트 원단(110×35cm), 꽃무늬 원단(60×25cm), 보라색 원단(25×20cm), 바이어스(90×3.5cm), 휘저블시트(40×20cm), 스냅단추(12mm) 1개, 가방솜(40×25cm), 방울솜 약간

재단하기
특별한 표기가 없는 부분은 시접 7mm를 남기고 재단합니다.
전체 겉감 A: 19cm×20cm 1장, **A 안감:** 19cm×20cm 1장, **A용 솜:** 19cm×20cm 1장, **지폐 칸 B(보라색):** 19×16cm 1장, **지폐 칸 C(도트):** 19×18cm 1장, **카드 칸 D(꽃무늬):** 43×19cm 1장, **카드 칸 E(도트):** 103×6.5cm 1장, **카드 칸 E의 뒷감(도트):** 6.5×19cm 1장, **반달형 F(꽃무늬):** 실물본 2장, **고리G:** 실물본 2장, **리본 H:** 6×7cm 1장, **리본 중심 I:** 3.5×5.5cm 1장(시접 포함), **안감 바이어스:** 22×3.5cm 1장(시접 포함), **휘저블시트(시접 없음):** B용 3×19cm 1장, C용 3×19cm 1장, D용 3×19cm 4장, E용 6.5×3cm 6장, E 뒷감용 6.5x19cm 1장, F용 1장
★ 카드 칸 만들기는 피드색 머니클립의 방법과 같습니다. 여기서는 직각 바이어스 방법을 자세히 설명합니다.

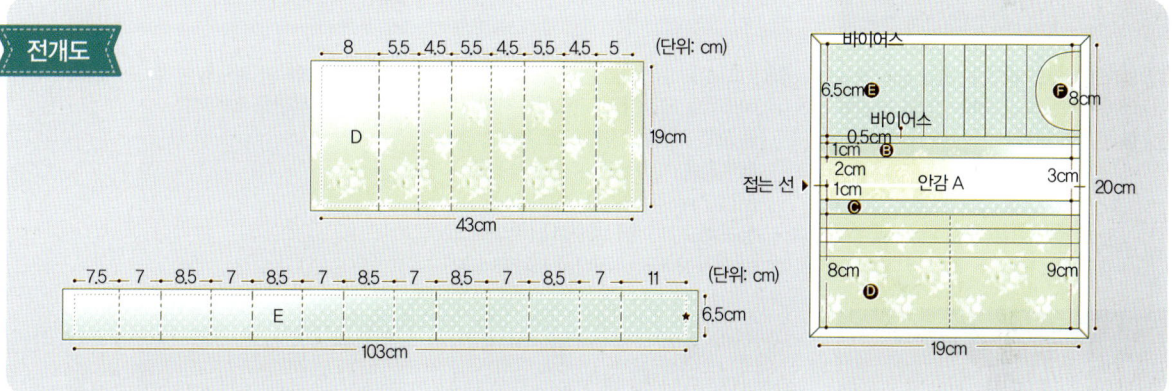

베이비블루 장지갑 만들기

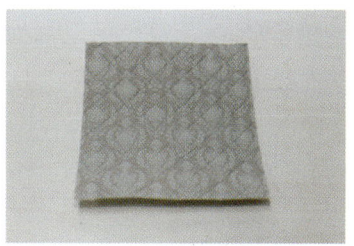

01 전체 안감 A에 솜을 겹쳐 퀼팅합니다.

02 퀼팅한 안감에 전체 겉감 A를 겹쳐 테두리에 시침질합니다.

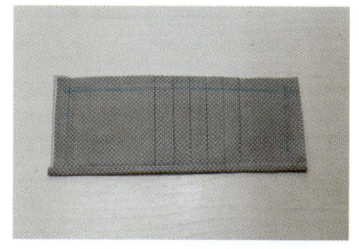

03 도트 무늬 카드 칸 E를 접어 접은 선마다 안쪽에는 휘저블시트를 붙입니다. E 겉감과 E 뒷감 사이에 휘저블시트를 붙인 후 5mm 폭으로 한쪽만 바이어스하세요.

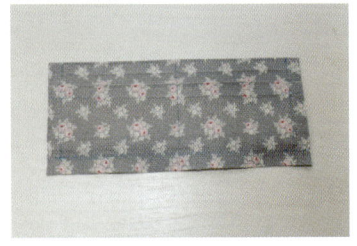

04 꽃무늬 카드 칸 D를 접어서 접은 선 마다 안쪽에는 휘저블시트를 붙이고 가운데를 바느질합니다. 양쪽 시접에 시침질하세요.

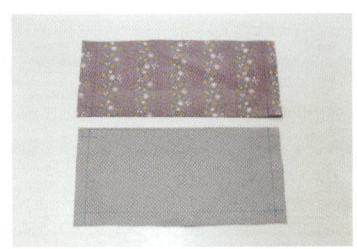

05 위 지폐 칸 B, 아래 지폐 칸 C에도 접은 선 안쪽에 휘저블시트를 붙입니다.

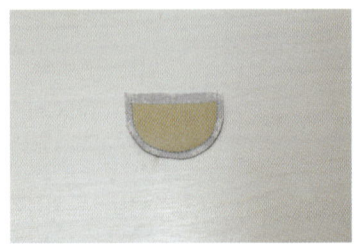

06 F를 겉끼리 만나게 겹치고 한 장의 안쪽에는 휘저블시트를 붙여 곡선 둘레를 바느질하고 시접에는 가위집을 냅니다.

07 휘저블시트의 종이를 떼고 뒤집어서 다시 한 번 다림질하여 2장을 완전히 붙입니다.

08 고리 G도 도안대로 만든 후 A 겉쪽에 바느질로 고정하고, 카드 칸, 지폐 칸 등 모든 부분을 전개도대로 배치한 후 테두리를 시침질합니다. 완성선에서 시접 7mm를 남기고 여분의 시접을 잘라내고 바이어스하세요. 바이어스는 직각 모서리 처리법을 사용합니다.

09 꼭짓점까지만 바느질한 후 모서리의 삼각형 부분을 젖히세요.

10 모서리를 다시 젖힌 후 다시 꼭짓점부터 바느질하세요.

11 모서리 네 군데를 모두 같은 방법으로 처리합니다.

12 꼭짓점에 사선이 나오도록 바이어스를 안쪽으로 꺾습니다.

13 모서리 네 곳을 모두 같은 방법으로 안쪽으로 꺾습니다.

14 시접을 접어 넣을 때 꼭짓점을 만져서 겉시접과 안시접이 각각 다른 방향이 되도록 안쪽 시접의 방향을 정합니다.

15 안쪽 꼭짓점 부분도 사선으로 모양이 나옵니다.

16 시접의 방향이 각각 다른 방향이 돼야 한쪽만 불룩하게 나오지 않습니다.

17 모든 꼭짓점의 시접을 접어 넣고 시침핀을 꽂습니다.

18 고리에 스냅단추를 달고, 리본을 만들어 장식하면 완성입니다.

tip 고리 만드는 법

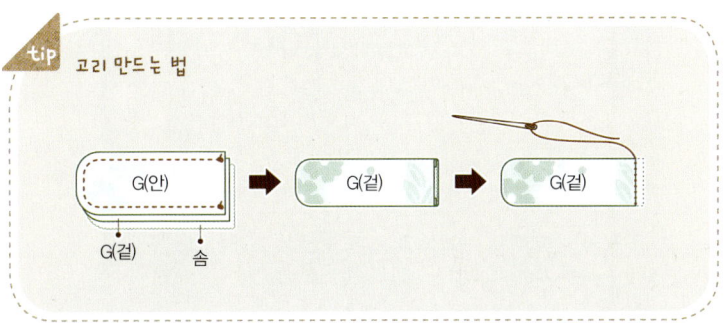

tip 리본 만드는 법

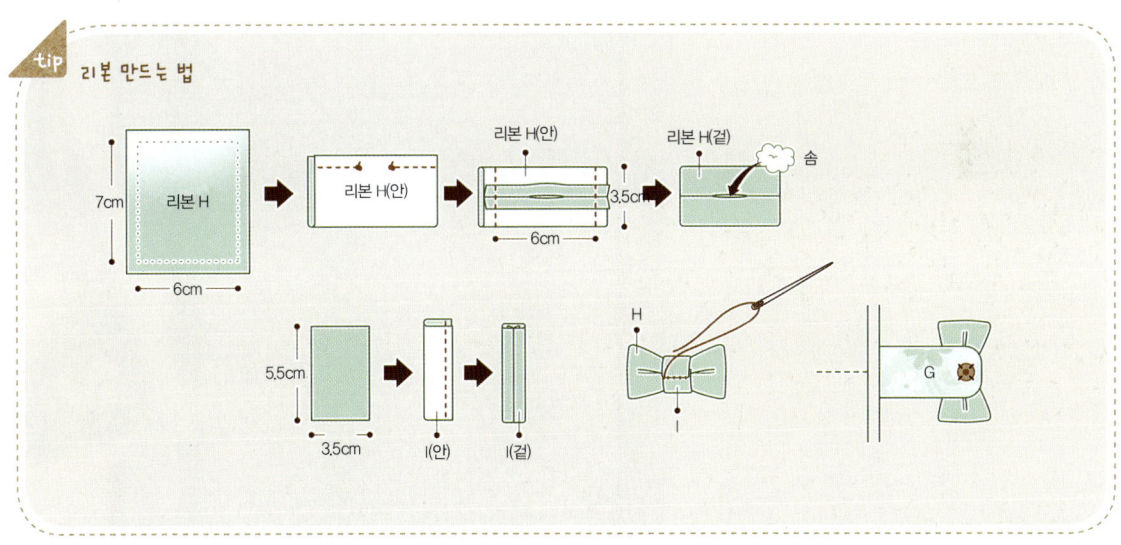

2 · 작품 따라하기 31

04 플뢰르 카드지갑

준비하기
겉감 원단(40×15cm), 리넨 무지(15×15cm), 안감 원단(55×15cm), 바이어스(60x3.5cm), 스냅단추(8mm) 1개, 야자단추(11mm) 1개, 5온스 솜(25×20cm), 카드 속지 1개, 수실 333번, 209번, 2011번, 813번 각 1마씩

재단하기
특별한 표기가 없는 부분은 시접 7mm를 남기고 재단합니다.
전체 겉감 A: 실물본 1장, **스티치 바탕 B:** 실물본 1장, **고리:** 고리 실물본 2장, **전체 안감:** 실물본 1장, **안주머니:** 15×12.5cm 2장(시접 포함), **솜:** 전체 크기 1장
★ 모서리가 둥근 바이어스 방법을 배울 수 있는 소품입니다.

플뢰르 카드지갑 만들기

01 솜에 리넨 무지B를 올려 스티치합니다.

02 겉감 원단 겉쪽에 앞면 겉감 A 실물본을 올려놓고 수성펜으로 그립니다.

03 B 위치를 7mm 시접을 남기고 가운데를 오리고, 시접은 안쪽으로 접어 넣으세요.

04 안쪽에서 보면 이런 모습입니다.

05 수놓은 B 부분에 겉감 A를 겹쳐 시침질한 후 공그르기로 역 아플리케 합니다. 이렇게 바탕이 가운데 아플리케보다 위로 올라오는 방식을 역 아플리케라고 합니다.

06 전체 겉감, 솜, 전체 안감을 순서대로 겹쳐 시침질하고 퀼팅합니다.

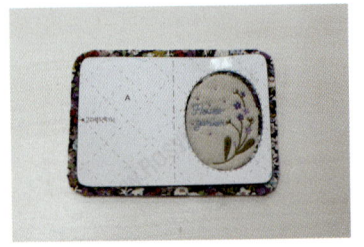

07 다시 한 번 겉에 패턴을 그려서 크기를 보정하고 시접 7mm를 남긴 후 여분의 시접은 자릅니다.

08 안주머니를 반으로 접어, 접은 선을 따라 홈질합니다(2개).

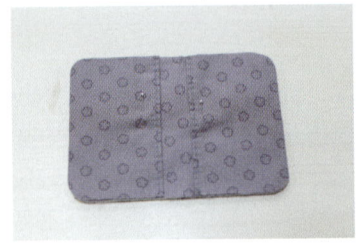

09 전체 안감 양쪽에 안주머니를 시침핀으로 고정합니다.

10 고리용 원단 2장을 겉끼리 만나게 겹쳐서 바이어스에 물리는 부분을 빼고 둘레를 바느질합니다. 곡선 부분 시접에는 가위집을 주고 뒤집습니다.

11 완성된 고리를 겉감의 뒷면 쪽에 시침핀으로 고정합니다.

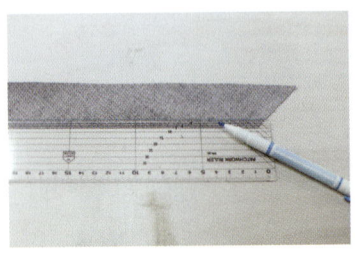

12 바이어스 안쪽에 수성펜으로 7mm 선을 그리세요.

13 퀼트 겉과 바이어스 겉이 만나게 해서 바이어스 시작 부분은 시접을 접어놓고 시침핀으로 고정해 나갑니다.

14 곡선 코너는 당기지 말고 편안하게 끝선을 맞추면서 시침핀으로 고정합니다.

15 마지막 끝 부분은 사진처럼 처음 부분에 겹칩니다.

16 전체에 시침핀을 꽂은 모습입니다. 이 상태로 바이어스의 7mm 수성펜 라인을 따라 바느질하세요.

17 바이어스를 안쪽으로 꺾어 넘깁니다.

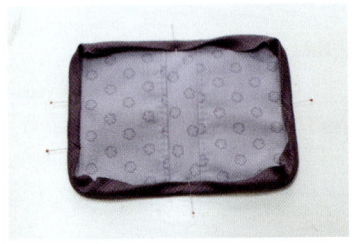

18 바이어스의 시접을 접어 넣고 시침핀으로 고정합니다. 이때 반반씩 나눠가며 핀을 꽂아주세요. 이 과정을 생략하면 바느질하면서 밀려서 바이어스가 틀어질 수 있습니다.

19 코너도 이렇게 시접을 접어 넣고 시침핀을 꽂습니다.

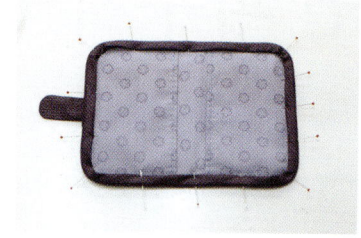

20 전체에 시침핀을 꽂은 모습입니다.

21 공그르기로 바이어스를 마무리합니다.

22 곡선 코너를 바느질 할 때는 안감이 바이어스보다 면적이 적으므로 안감은 적게, 바이어스는 약간 땀을 많이 떠서 살짝살짝 당기며 공그르기합니다.

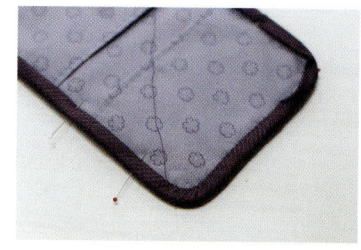

23 이런 느낌으로 코너 부분을 바느질합니다. 둘레를 모두 공그르기하여 바이어스를 마무리하세요.

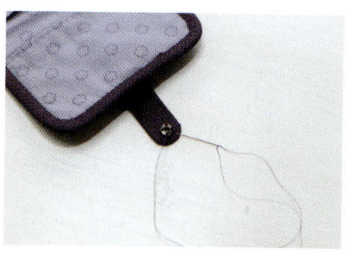

24 고리에 스냅단추를 두 줄의 퀼팅실로 바느질합니다.

25 고리를 닫아 위치를 맞춰 본체 겉감에도 스냅단추를 답니다.

26 고리 겉에 장식 야자단추를 달면 완성입니다.

05 앤틱 트윈 파우치

난이도 중급 ★★★
사이즈 19×13cm

05 앤틱 트윈 파우치

준비하기

앞판 원단 9종(20×12cm), 뒷판 원단 2종(25×20cm), 뚜껑 원단(30×20cm), 안감 원단(110×20cm), 바이어스(100×3.5cm), 싸개단추(20mm) 1개, 귀자석단추(14mm) 1개, 지퍼(20cm) 2개, 리크랙(30cm), 수실(40cm), 5온스 솜(110×20cm)

재단하기

특별한 표기가 없는 부분은 시접 7mm를 남기고 재단합니다.
앞판, 뒷판 A, D 패치 부분 겉감: ① 겉감: 실물본 2장, ② 겉감: 실물본 2장, ③ 겉감: 실물본 2장, ④ 겉감: 실물본 2장, ⑤ 겉감: 실물본 2장, ⑥ 겉감: 실물본 2장, ⑦ 겉감: 실물본 2장, ⑧ 겉감: 실물본 2장, ⑨ 겉감: 실물본 2장, **B 겉감:** A 전체 실물본 1장, **C 겉감:** A 전체 실물본 1장, **전체 안감:** A 전체 실물본 4장, **뚜껑 원단:** 실물본 2장, **전체 솜:** A 전체 실물본 4장, **뚜껑 솜:** 뚜껑 실물본 1장.

앤틱 트윈 파우치 만들기

01 앞판 A, 뒷판 D 겉감의 패치 부분 조각을 재단 후 실물본 모양대로 배열합니다. 이때 각 조각의 시접은 정확하게 7mm씩 남기세요.

02 전체크기 솜에 패턴 모양 대로 그리고, ①번 조각을 솜 위에 놓습니다.

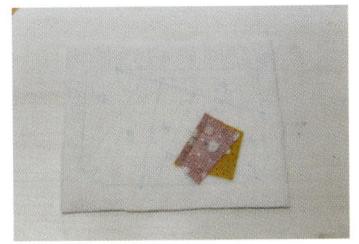

03 ②번 조각을 ①번 위에 겉끼리 만나게 겹쳐 ①번과 ②번이 만나는 라인을 솜까지 함께 바느질합니다.

04 ②번 조각을 겉이 보이게 펼치세요.

05 ③번 조각을 ①번과 ②번 조각 위에 겉끼리 만나게 겹쳐 놓고 바느질합니다.

06 ③번 조각도 겉이 보이게 펼치세요.

07 ④번 조각을 같은 방법으로 ①번과 ③번 조각이 만나는 부분에 겹쳐서 바느질합니다.

08 ④번 조각을 겉이 보이게 펼칩니다.

09 이런 방식으로 ⑨번 조각까지 번호 순서대로 솜과 함께 바느질하세요. 이때 ⑥~⑦번 사이에는 리크랙 레이스를 끼워 바느질합니다.

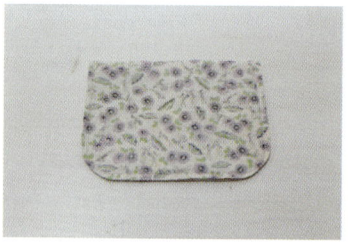 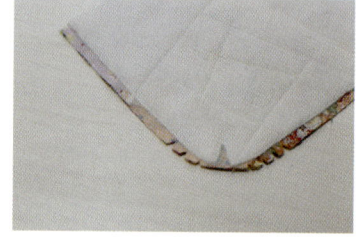 

10 패치 위에 안감 겉이 만나게 겹친 후 입구를 뺀 세 면을 바느질합니다. 다트 부분도 모양대로 따라서 바느질하세요.

11 시접의 솜은 바느질 선에 맞춰 바짝 자릅니다. 곡선 부분의 시접과 다트에 가위집을 줍니다. 뒤집어서 모양을 잡습니다.

12 같은 방법으로 뒷판 B, C 2장을 만드세요. 뒷판 B, C는 패치 없이 통으로 만드세요.

13 바이어스를 네 줄 준비하여 7mm 시접 라인을 안쪽에 그립니다.

14 A, B, C, D 네 장 모두 입구의 시접을 7mm로 정리한 후 바이어스를 합니다. 우선 입구에 퀼트 겉, 바이어스 겉이 만나게 시침핀을 꽂습니다.

15 바이어스를 재봉틀을 이용해 바느질합니다. (손바느질도 상관없습니다.)

16 바이어스를 안감 쪽으로 꺾어 양옆 시접을 접어 넣고, 아래쪽 시접도 접어 넣어 시침핀을 꽂아 공그르기합니다.

17 A, B, C, D 네 장 모두 각각 바이어스를 해주세요.

18 B와 C를 겉감끼리 만나게 겹쳐서 옆선에서 2cm 안쪽을 반박음질로 연결합니다.

19 입구에 지퍼를 답니다. 지퍼 시접을 보면 무늬가 바뀌는 라인이 있으므로 (수성펜으로 표시한 부분) 그 선을 따라 반박음질로 바느질합니다.

20 지퍼를 닫은 후 패치 부분 겉면을 사진처럼 위치를 맞춰 수성펜으로 표시합니다.

21 표시한 선에 맞춰 안쪽에 시침핀을 꽂은 후 반박음질로 바느질하세요.

22 지퍼의 시접 끝을 본체에 감침질로 바느질하여 붙입니다.

23 A와 B 사이, C와 D 사이에 각각 지퍼를 단 모습입니다. 옆선 끝에서 바느질하지 않고 5mm 정도 떨어져 있는 것을 확인하세요.

24 옆선을 공그르기로 연결합니다. A와 B, C와 D의 옆선을 각각 연결하세요.

25 뒤집어서 옆선을 한 번 더 공그르기 합니다. 이렇게 해야 옆선이 튼튼하게 연결됩니다.

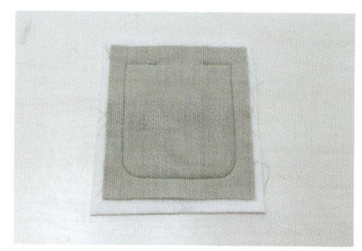

26 뚜껑을 만듭니다. 위에서부터 '뚜껑 겉감 겉+뚜껑 안감 겉 만나게+솜' 순서대로 겹쳐 창구멍을 남기고 둘레를 바느질합니다.

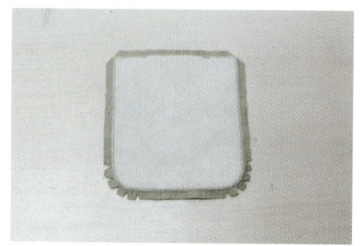

27 시접의 솜은 바느질 선에 맞춰 바짝 자르고 시접의 곡선 부분에는 가위집을 냅니다. 뒤집어서 창구멍은 공그르기로 막으세요.

28 편편히 잘 펴서 가장자리에서 5mm 떨어진 곳에 빨강 수실 두 줄로 홈질로 바느질하여 붕 뜨지 않게 눌러주세요.

29 장식 싸개단추도 공그르기로 붙이세요.

30 뚜껑을 본체 뒷면 D에 공그르기로 붙입니다.

31 뚜껑과 바이어스의 틈도 공그르기로 막습니다.

32 위치를 잘 맞춰 완성된 뚜껑과 앞면 A에 귀자석 단추를 바느질하여 답니다.

33 완성입니다.

2 · 작품 따라하기   43

06 퍼프 파우치

준비하기
리넨 무지(35×25cm), 퍼프 원단 14종(15×10cm), 연결 부분 원단(15×5cm), 바닥 원단(20×25cm), 안감 원단(70×35cm), 바이어스(130×3.5cm), 지퍼(25cm) 2개, 모쿠바 레이스(60cm), 뚜껑 안쪽용 토션 레이스(60cm), 리넨 라벨 1개, 가죽 끈(18×1cm) 1개, 리벳 2set, 소품솜(70×15cm), 가방솜(70×25cm), 2온스 접착솜(15×5cm), 방울솜 100g, 수실 676번, D3722번, 926번, 3032번, 327번, 3011번, 223번 각 3마씩

재단하기
특별한 표기가 없는 부분은 시접 7mm를 남기고 재단합니다.
뚜껑 A 겉감: 실물본 1장, **뚜껑 A 안감**: 실물본 1장, **옆판 퍼프 B 겉감**: 실물본(6×7cm) 14장, **옆판 퍼프 안감**: 56×7cm 1장, **바닥 C 겉감**: 실물본 1장, **바닥 C 안감**: 실물본 1장, **연결 부분 D 겉감**: 실물본(8×2)cm 1장, **연결 부분 D 안감**: 실물본(8×3.5)cm 1장, **뚜껑 솜(가방솜)**: A 실물본 1장, **옆판 퍼프 솜(가방솜)**: 56×7cm 1장, **바닥 솜(가방솜)**: C 실물본 1장, **D용 솜(2온스 접착솜)**: 8×2cm 1장

퍼프 파우치 만들기

01 뚜껑 겉감 A 리넨에 수성펜으로 도안을 그린 후 솜과 함께 시침질합니다.

02 도안을 따라 스티치합니다.

03 시접을 넉넉히 남기고 재단한 후 뒤에 안감을 겹쳐(겉감-솜-안감 순서) 시침질하여 퀼팅합니다.

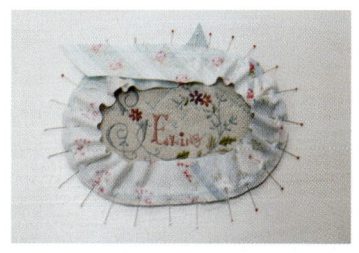

04 퀼팅한 후 뚜껑 실물본을 대고 다시 패턴을 그린 후 완성선을 따라 시접을 모두 자릅니다. 그리고 바이어스를 하세요.

05 옆면을 만듭니다. 옆 부분 패치 겉감 B를 모두 연결한 후 B 겉감 겉+안감 겉 만나게+솜 순서로 겹쳐 시침핀을 꽂습니다.

06 옆 부분 패치 겉감 B의 아래쪽에는 주름을 잡아 시침핀을 꽂아 양 옆선과 주름을 잡아 놓은 바닥 완성선을 바느질합니다.

07 시접을 7mm로 정리하고 시접의 솜은 바느질 선에 맞춰 잘라 뒤집습니다. B의 연결선마다 퀼팅합니다.

08 완성한 B에 방울솜을 적당히 채웁니다. 너무 많이 넣지 말고 약간 폭신한 정도로 모든 칸에 비슷하게 맞춰 넣으세요.

09 입구도 여분의 겉감은 주름을 잡아 바느질로 고정하고, 7mm 시접을 남기고 여분 시접은 자릅니다.

10 둥글게 옆면 양끝을 공그르기로 연결하세요. 안쪽에서 한 번 더 공그르기하여 튼튼히 연결합니다.

11 옆면 입구도 바이어스를 합니다.

12 바닥을 만듭니다. 바닥 C의 '겉감 겉+안감 겉 만나게+솜' 순서대로 겹쳐 창구멍을 남기고 둘레를 바느질합니다. 시접의 솜은 바느질 선에 맞춰 바짝 자르고 시접에는 가위집을 냅니다.

13 창구멍으로 뒤집습니다. 가방솜은 딱딱하지만 복원이 되니 편하게 구겨서 뒤집으세요.

14 창구멍은 공그르기로 막고 스팀 다리미로 누르지 말고 살짝살짝 다리면 원래 모양으로 돌아옵니다.

15 바닥에 시침질을 합니다.

16 시침질을 따라 퀼팅합니다.

17 바닥과 옆판 퍼프 부분을 공그르기로 연결합니다.

18 뒤집어서 한 번 더 공그르기하여 연결합니다.

19 옆면과 뚜껑의 위치를 맞춰서 수성펜으로 바느질할 곳을 표시하세요.

20 옆판의 앞 중심부터 위치를 맞춰 핀을 꽂아 지퍼를 답니다. 뒤쪽은 지퍼가 조금 부족한 것이 맞습니다. 안쪽에서 반박음질로 지퍼를 달아주세요.

21 지퍼를 닫고 수성펜으로 맞춤 표시를 합니다.

22 뚜껑과 맞춤 표시를 맞춰서 시침핀을 꽂아주세요.

23 뚜껑 부분도 지퍼를 답니다.

24 연결 부분 겉감 D 안쪽에 접착솜을 붙인 후 공그르기하여 지퍼 끝 시접을 가립니다.

25 뚜껑의 지퍼 시접은 레이스를 붙여서 가린 후 연결 부분 D의 안감을 공그르기로 붙여 레이스 끝과 지퍼 끝을 가립니다. 옆면의 지퍼 시접은 감침질로 안감에 붙이세요.

26 뚜껑 겉의 바이어스 끝선에 맞춰 모쿠바 레이스를 바느질합니다.

27 레이스의 연결한 끝은 라벨을 붙여 가립니다.

28 리벳으로 가죽 끈을 고정합니다.

29 완성입니다.

1. 피드색 머니 클립

4. 플로르 카드지갑

6. 퍼프 파우치

PART 3

다양한 지갑 만들기

동전지갑, 반지갑, 장지갑, 카드지갑, 머니클립 등 우리가 자주 사용하는 여러 가지 형태의 지갑 만드는 방법을 실물사진과 일러스트로 소개합니다.

07 딸기 더블프레임 동전지갑

난이도 초급 ★★
사이즈 10×8.5cm

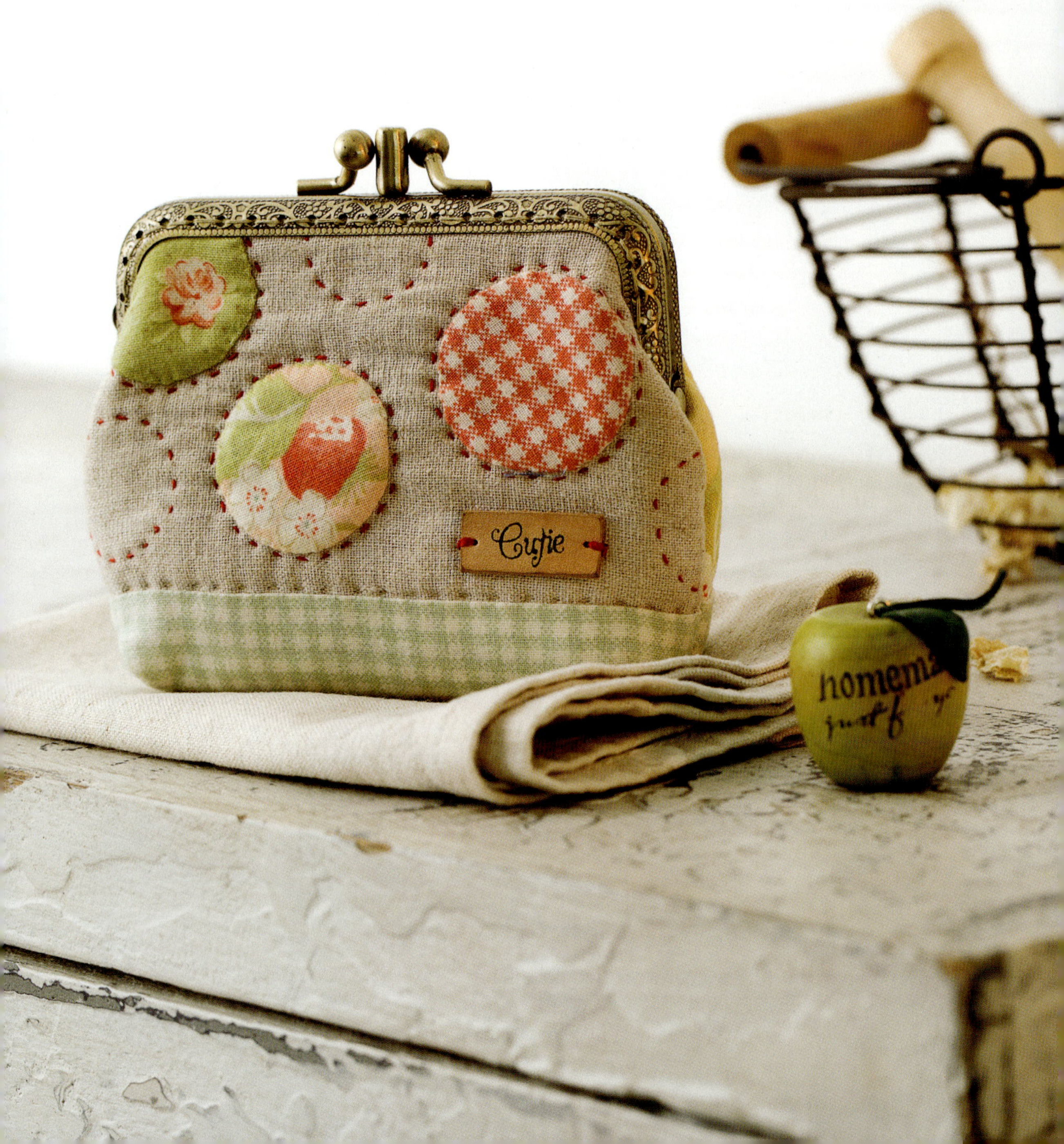

07 딸기 더블프레임 동전지갑

준비하기

리넨 무지 원단(20×15cm), 원형 아플리케 원단(7×7cm) 3종, 체크 원단(20×15cm), 뒷면 원단(20×15cm), 안감 원단(60× 20cm), 빨강 수실(50cm), 가죽 라벨 1개, 사각 프레임(10.5cm) 1개, 4.5온스 접착솜(30×20cm), 가방솜(20×15cm)

재단하기

특별한 표기가 없는 부분은 시접 7mm를 남기고 재단합니다.
A~F: 실물본 각 1장씩, **전체 안감:** 실물본 전체 크기 1장, **칸막이 G:** 실물본 2장, **전체솜(4.5온스 접착솜):** 전체 크기 1장, **칸막이 G 솜(가방솜):** G 실물본 1장

딸기 더블프레임 동전지갑 만들기

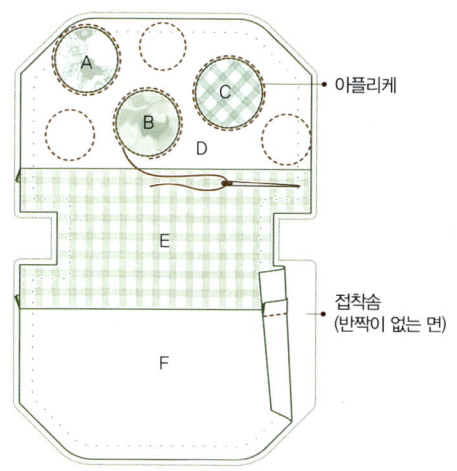

01 앞판 바탕 D에 동그라미 아플리케 A, B, C를 아플리케합니다.

02 D+E+F를 연결하여 본체 겉감을 완성합니다.

03 겉감 뒤에 솜만 댄 후 스티치를 합니다. 솜은 반짝이 없는 면이 원단 뒤에 닿게 배치합니다.

04 안감 겉과 겉감 겉과 만나게 전체 겉감 위에 겹칩니다. 창구멍을 남기고 둘레를 바느질합니다. 시접의 솜만 바느질 선에 맞춰 바짝 자릅니다. 시접은 그림처럼 오목한 부분은 가위질하고 각진 곳은 잘라서 정리한 후 창구멍으로 뒤집습니다.

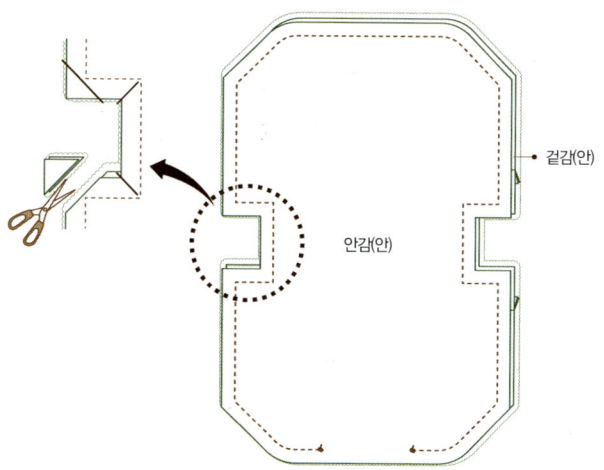

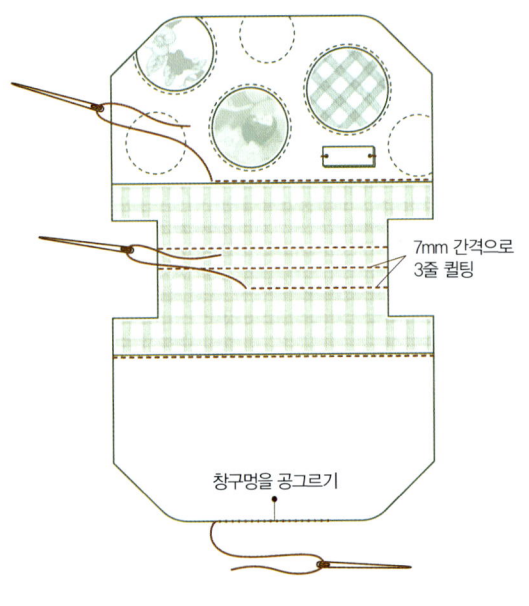

05 창구멍을 공그르기로 막습니다. 다림질해서 접착솜을 안감 쪽에 붙입니다.
그림처럼 연결선과 바닥을 퀼팅하고 앞면에 가죽 라벨을 달아줍니다.

06 칸막이 G를 만듭니다. 'G 안감 겉+G 겉감 겉 만나게+솜' 순서로 겹쳐 창구멍을 남기고 둘레를 바느질합니다.
시접의 솜은 잘라내고 시접에 가위집을 준 후 뒤집습니다.

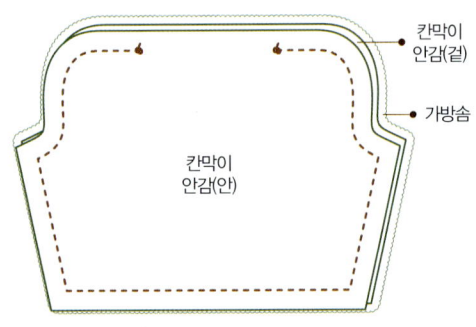

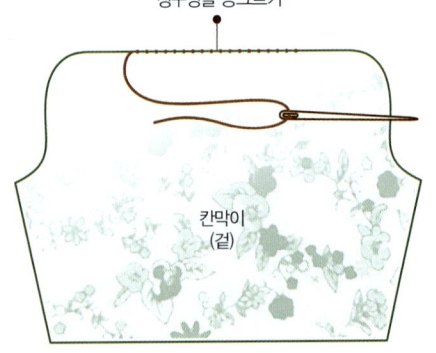

07 창구멍은 공그르기로 막습니다.

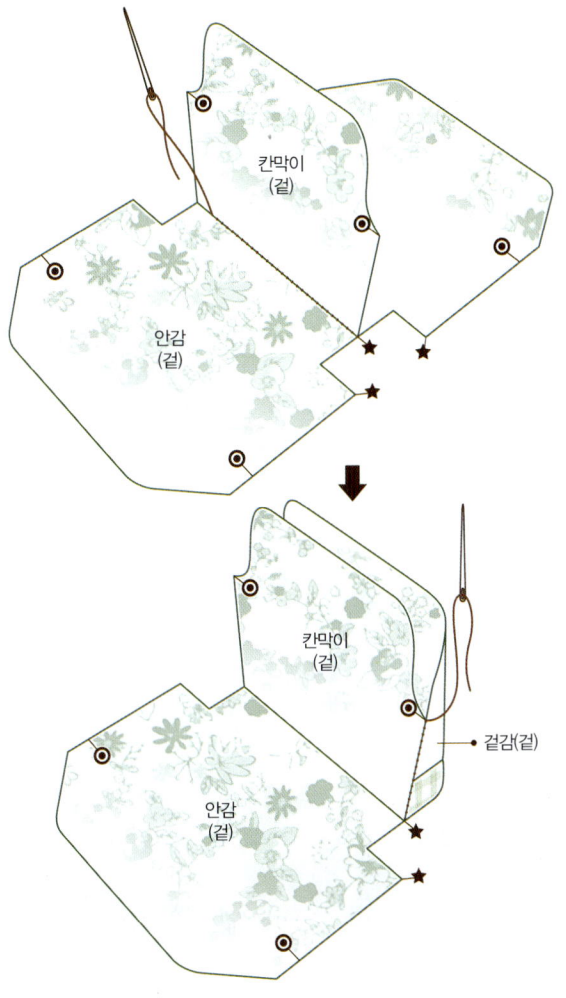

08 완성된 칸막이를 본체 안감 가운데에 공그르기로 다세요. 바닥에 먼저 바느질하여 달고 옆선을 끌어올려 답니다.

★ 부분을 맞춘 후 공그르기로 본체 옆선과 칸막이를 연결합니다.

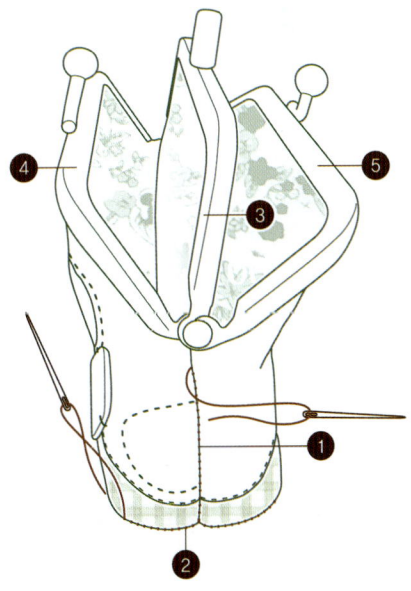

09 앞판-뒷판이 옆선을 공그르기로 연결합니다(①). 바닥 폭도 공그르기로 연결합니다(②).

10 프레임을 연결합니다. 가운데 칸막이를 먼저 연결하고(③) 양쪽을 나중에 연결합니다(④와 ⑤). 완성입니다.

08 롤리팝 동전지갑

난이도 초급 ★★
사이즈 9×9cm, 바닥 폭 3cm

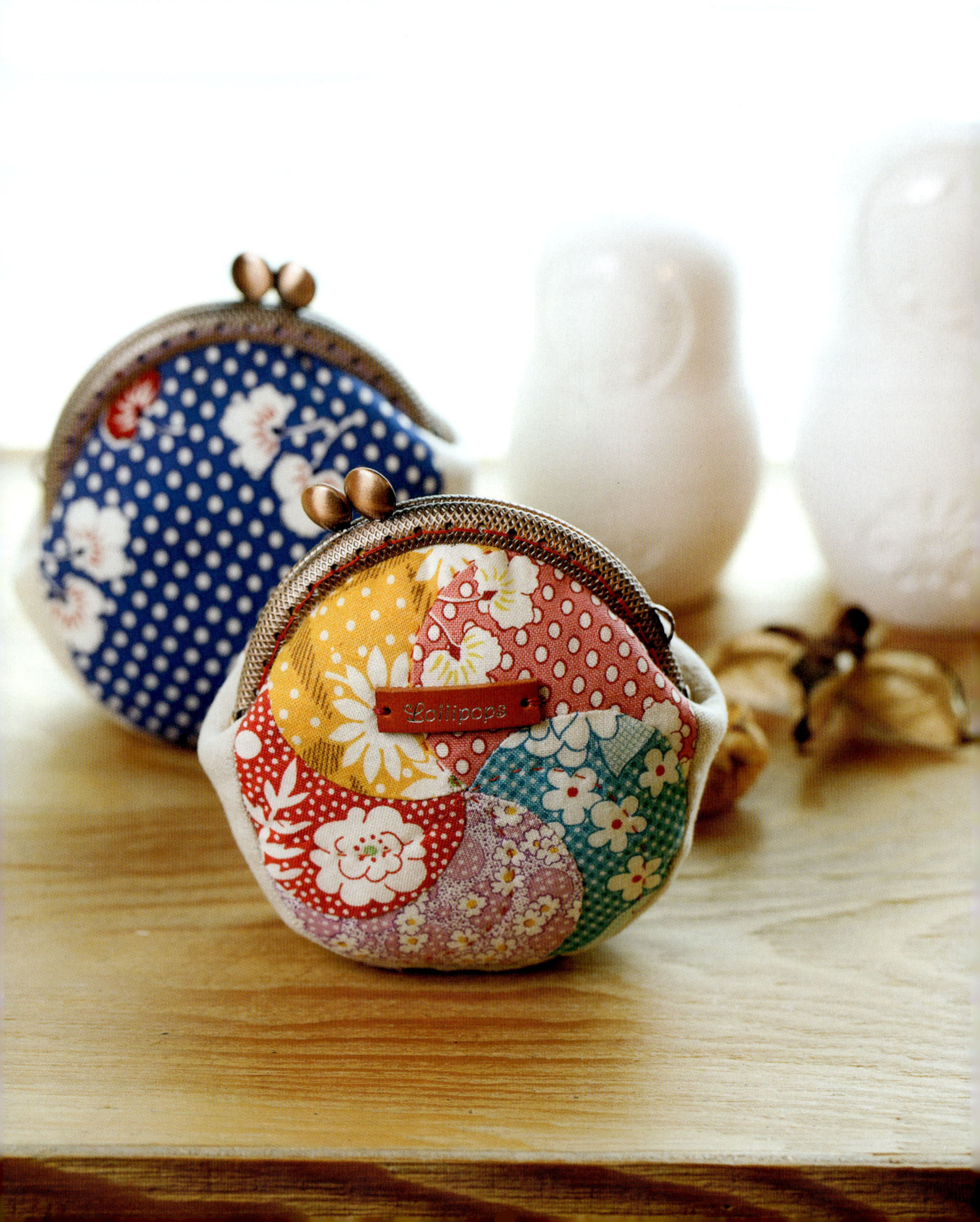

08 롤리팝 동전지갑

준비하기
앞판 원단 5종(10×10cm), 뒷판 원단(15×15cm), 옆판 원단(15×25cm), 안감 원단(20×30cm), 4.5온스 접착솜(30×25cm), 가죽 라벨 1개, 둥근 프레임(8.5cm) 1개

재단하기
특별한 표기가 없는 부분은 시접 7mm를 남기고 재단합니다.
앞판 겉감 A~E: 실물본 각 1장씩, **앞판 안감:** 앞면 전체 실물본 1장, **뒷판 겉감:** 실물본 1장, **뒷판 안감:** 실물본 1장, **옆판 겉감:** 실물본 1장, **옆판 안감:** 실물본 1장, **솜:** 앞판, 뒷판, 옆판 전체 크기로 각각 1장씩

롤리팝 동전지갑 만들기

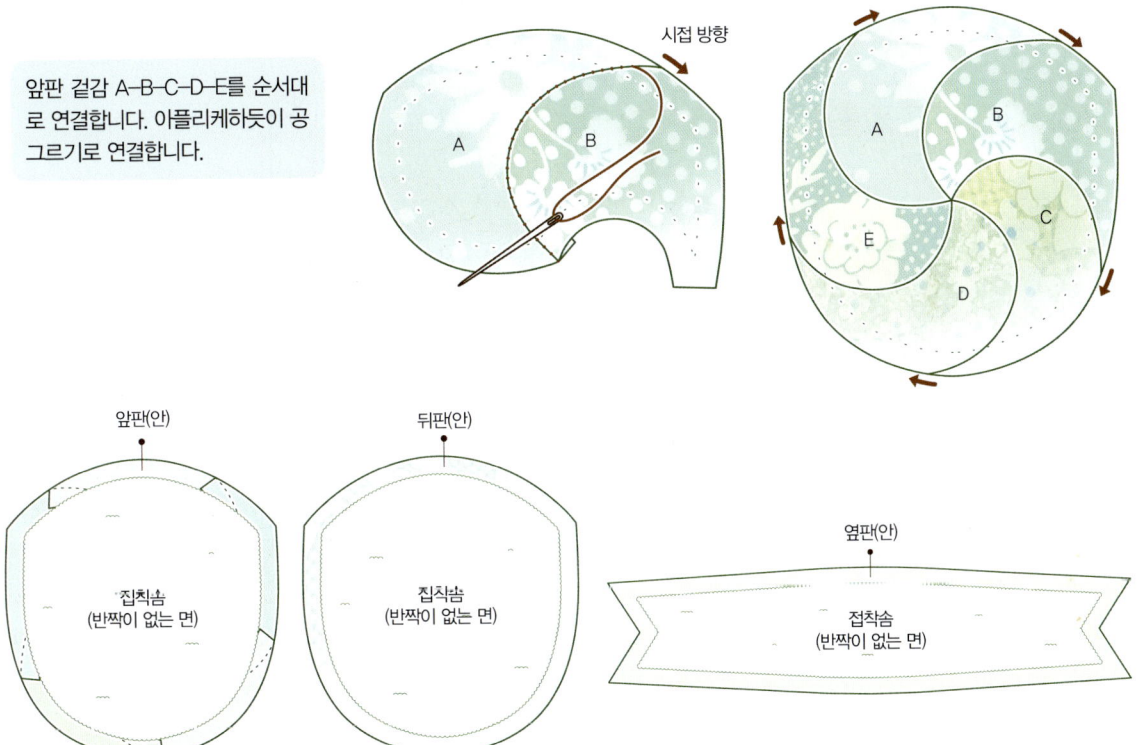

01 앞판 겉감 A–B–C–D–E를 순서대로 연결합니다. 아플리케하듯이 공그르기로 연결합니다.

02 패치를 끝낸 앞판, 뒷판, 옆판의 겉감 안쪽에 접착솜을 놓고 원단 겉쪽에서 다림질해서 붙입니다. 반짝이는 접착 면을 원단 안쪽에 닿게 하세요.

03 앞면의 패턴에 표시되어 있는 라인을 따라 솜과 함께 퀼팅합니다.

04 접착솜을 붙인 앞판-옆판-뒷판을 연결하여 겉면이 보이도록 뒤집습니다.

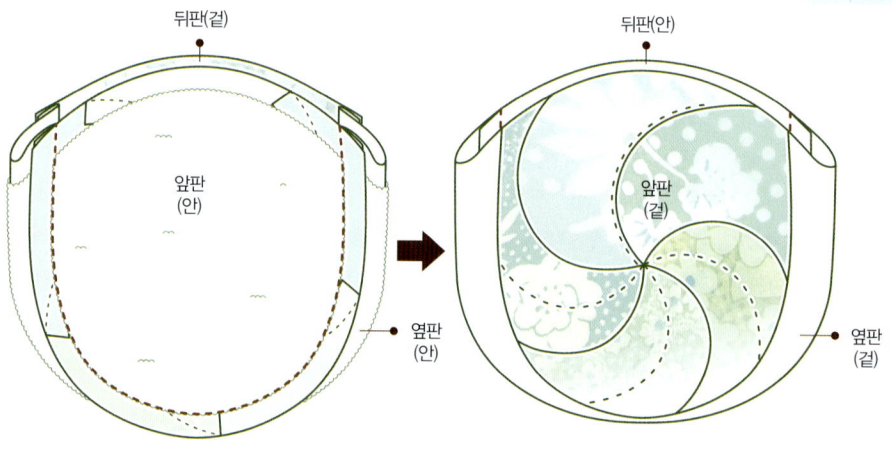

05 안감도 앞판-옆판-뒷판을 연결합니다.

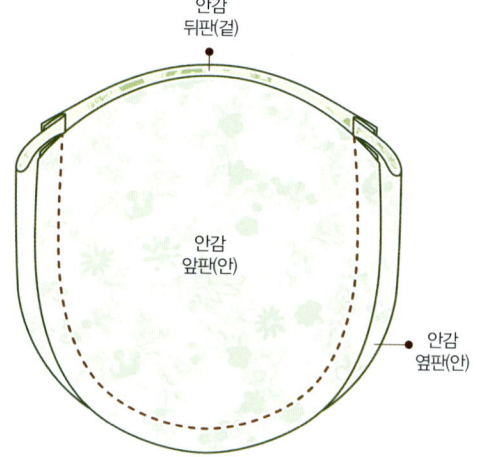

06 만들어둔 안감에 만든 겉감을 전부 집어넣어 안감 겉–겉감 겉이 만나게 한 후, 입구를 맞춰 창구멍을 남기고 바느질합니다.

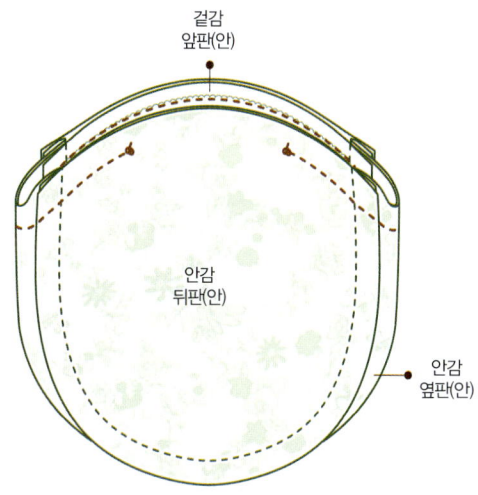

07 뒤집어 윗면의 창구멍을 공그르기로 막으세요.

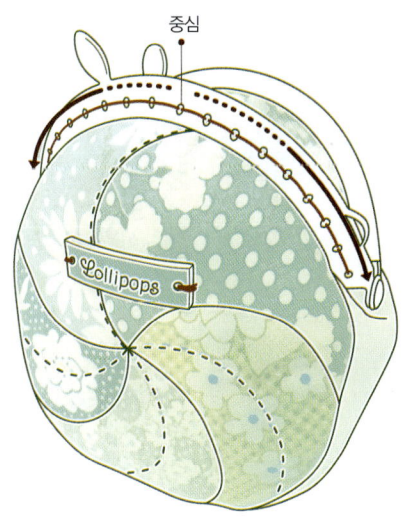

08 프레임을 입구에 연결합니다. 중심을 기준으로 가운데부터 양쪽으로 바느질하세요. 라벨을 달면 완성입니다.

09 요요써클 동전지갑

난이도 초급 ★★
사이즈 7×5.5cm

09 요요써클 동전지갑

준비하기
본체 A 겉감: 리넨 무지 원단(25×15cm), 옆판 원단(20×10cm), 요요 원단 10종(15×10cm), 안감 원단(20×20cm), 소품솜(20×20cm), 707번 입체 프레임 1개

재단하기
특별한 표기가 없는 부분은 시접 7mm를 남기고 재단합니다.
본체 A 겉감: 실물본 1장, **본체 A 안감:** 실물본 1장, **옆판 B 겉감:** 실물본 2장, **옆판 B 안감:** 실물본 2장, **큰 요요:** 실물본 10장, **작은 요요:** 실물본 10장, **솜:** A 실물본 1장, B 실물본 2장

★ **요요 팁!** 바늘땀을 작게 하면 가운데에 구멍이 생기고, 바늘땀을 크게 하면 한라봉이 됩니다. 여기에서 사용하는 요요의 적당한 바늘땀 크기는 4~5mm입니다.

요요써클 동전지갑 만들기

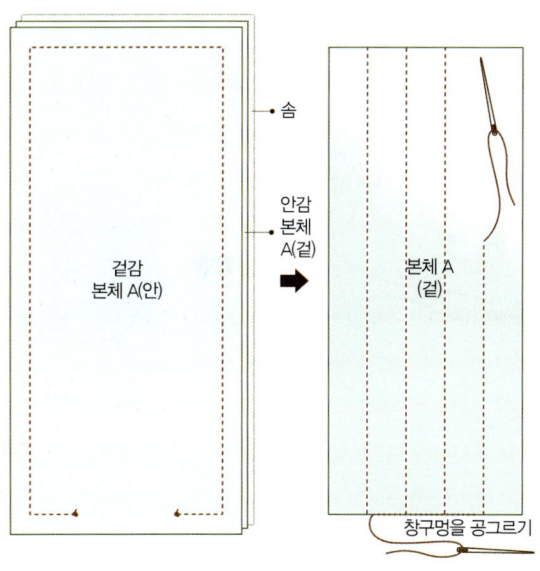

01 본체 A를 '겉감 겉+안감 겉 만나게+솜' 순서대로 겹쳐서 창구멍을 남기고 둘레를 바느질합니다. 시접의 솜만 바느질 선에 맞춰 바짝 자르고 뒤집어 창구멍을 공그르기로 막고 퀼팅합니다.

02 옆판 B 겉감을 본체와 같은 방법으로 만들고 세로로 반을 접어 입구 쪽에 접힌 곳을 몇 땀만 바느질합니다 (제일 오른쪽 그림).

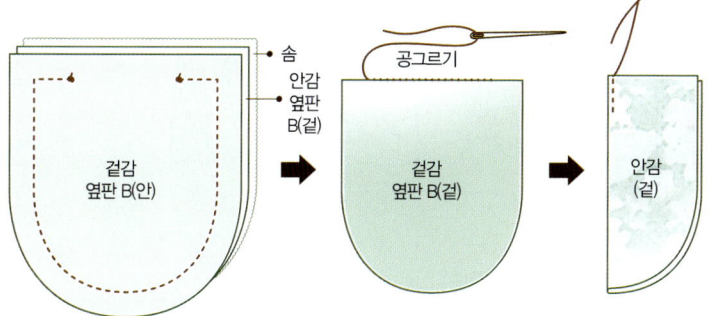

03 본체 A와 옆판 B를 공그르기로 연결합니다. 안쪽에서 한 번 더 공그르기하여 튼튼하게 연결하세요.

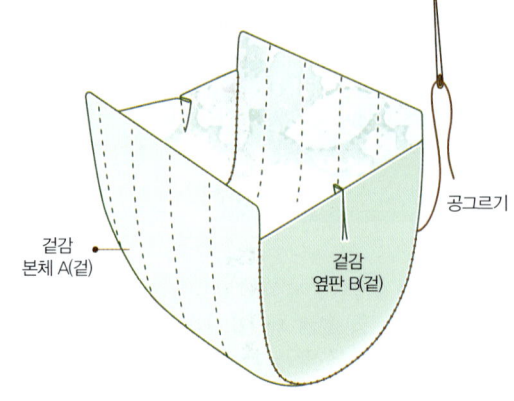

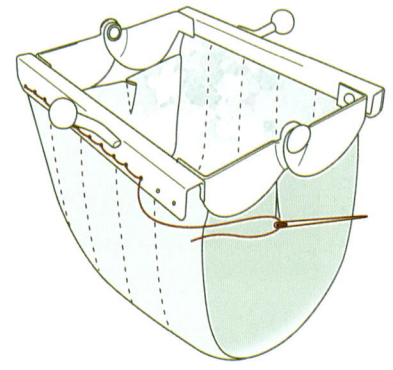

04 완성된 퀼트를 프레임에 끼워 바느질합니다 (퀼팅 실 두 겹, 박음질).

05 요요를 만듭니다. 시접을 접어 넣으면서 4~5mm 크기의 바늘땀으로 홈질하여 잡아당기면 요요가 됩니다. 큰 요요 10개, 작은 요요 10개를 만드세요.

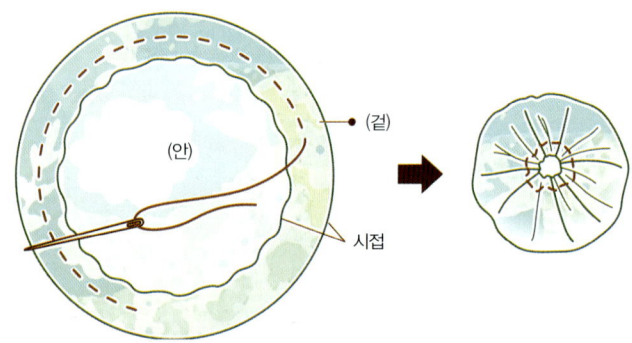

06 앞면과 뒷면에 요요 장식을 바느질로 달면 완성입니다.

3 • 다양한 지갑 만들기　63

⑩ 앤의 여행 동전지갑

난이도 초급 ★
사이즈 9.5×4.5cm

10 앤의 여행 동전지갑

준비하기
뚜껑 원단(25×15cm), 뒷면과 옆면 원단(25×20cm), 안감 원단(25×20cm), 요요 원단(7×7cm), 레이스(20cm), 핑크 리본 1개, 4.5온스 접착솜(25×25cm), 95번 라운드 프레임 1개

재단하기
특별한 표기가 없는 부분은 시접 7mm를 남기고 재단합니다.
뚜껑 A 겉감: 실물본 1장, **옆판 B 겉감:** 실물본 1장, **뒷판+바닥 C 겉감:** 실물본 1장, **요요:** 실물본 1장(시접 5mm), **본체 안감:** A+C 전체 크기 1장, **옆판 안감:** B 실물본 1장, **본체 솜:** A+C 전체 크기 1장, **옆판 솜:** B 실물본 1장

★ 요요 만들기 팁: 첫 땀은 박음질하고 시접 5mm를 접어 넣으며 5~6mm 간격의 바늘땀으로 홈질합니다. 한 바퀴를 빙 돌려 홈질한 후 실을 잡아당겨 매듭지으면 완성입니다.

앤의 여행 동전지갑 만들기

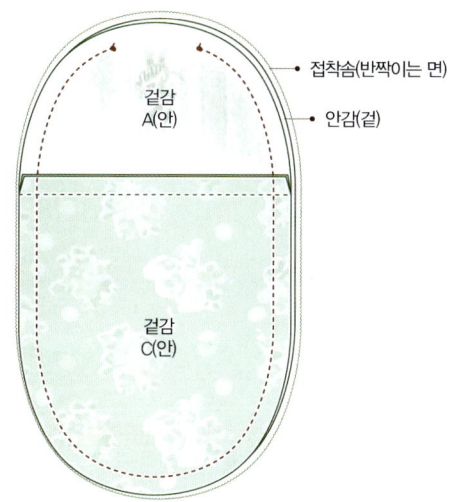

01 겉감 A+C를 연결한 후 '겉감 겉+안감 겉 만나게+솜' 순서로 겹쳐 창구멍을 남기고 둘레를 바느질합니다. 접착 면은 안감 겉에 닿게 합니다. 테두리의 솜은 바느질 선에 맞추어 바짝 잘라냅니다.

02 옆판 B를 만듭니다. B 겉감에 레이스를 바느질하고, '겉감 겉+안감 겉 만나게+솜' 순서로 겹쳐 창구멍을 남기고 둘레를 바느질합니다. 접착 면은 안감 겉에 닿게 합니다. 시접의 솜은 바느질 선에 맞춰 바짝 잘라냅니다.

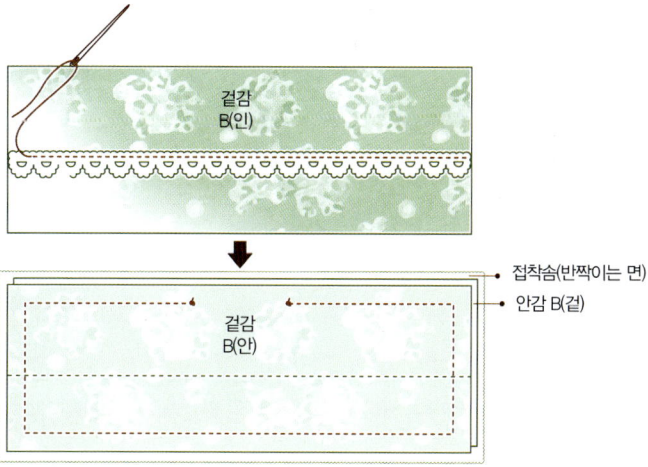

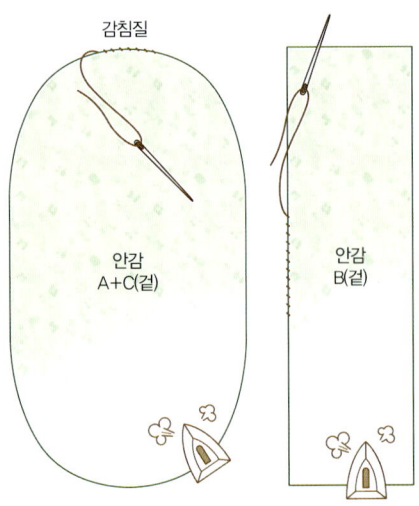

03 본체와 옆판 모두 시접의 곡선 부분에 가위집을 주고 뒤집습니다.

04 창구멍을 감침질로 막습니다.

05 잘 펴서 다림질합니다. 스팀을 약간 주고 안감 쪽에서 다림질하여 접착솜을 안감 쪽에 붙입니다.

06 뚜껑은 무늬선대로, 뒷면은 2cm 간격의 격자로 퀼팅합니다.

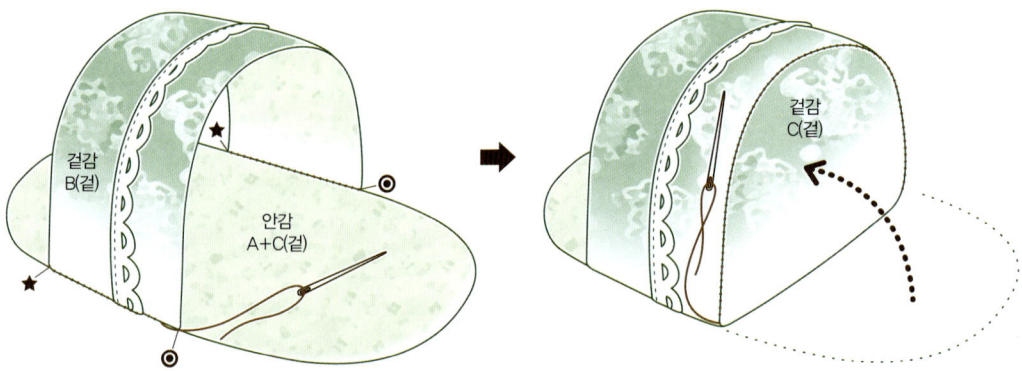

07 본체와 옆판을 공그르기로 연결합니다. 바닥을 접어 올려 옆판에 공그르기하여 답니다. 뒤집어서 안쪽에서 한 번 더 공그르기합니다.

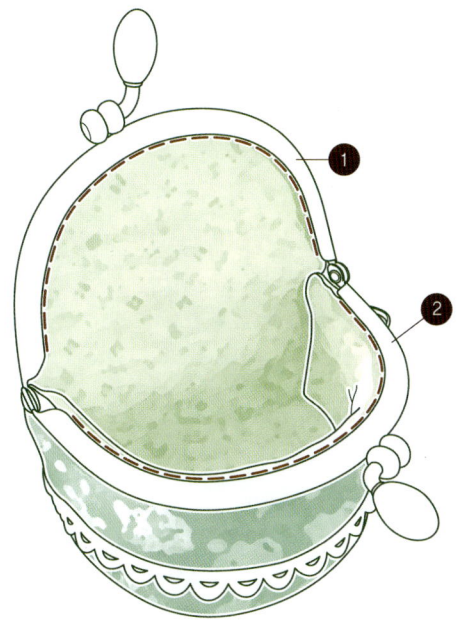

08 입구에 프레임을 끼워 핀으로 시침한 후 바느질합니다 (①→② 순서로).

09 뚜껑에 장식 리본과 요요를 달면 완성입니다.

7. 딸기 더블프레임 동전지갑

8. 롤리팝 동전지갑

10. 앤의 여행 동전지갑

⑪ 하트 동전지갑

난이도 중급 ★★★
사이즈 9.5cm×9cm, 폭 1.8cm

11 하트 동전지갑

준비하기

바탕 원단(30×15cm), 옆판 원단(30×10cm), 안감 원단(30×20cm), 지퍼 (15cm) 1개, 1cm폭 리넨 테이프(7cm), 자개단추 1개, D링 고리 1set, 가죽 라벨 1개, 가방솜(30×25cm), 목공본드

재단하기

특별한 표기가 없는 부분은 시접 7mm를 남기고 재단합니다.
앞판, 뒷판 겉감 A: 실물본 2장(시접1.5cm), **옆판 겉감:** 실물본(14.7×1.8cm) 1장(시접1.5cm), **앞판, 뒷판 안감:** A 실물본 2장, **옆판 안감:** B 실물본 1장, **앞판, 뒷판 솜:** A 실물본 2장(시접 없음), **옆판 솜:** B 실물본 1장(시접 없음).

하트 동전지갑 만들기

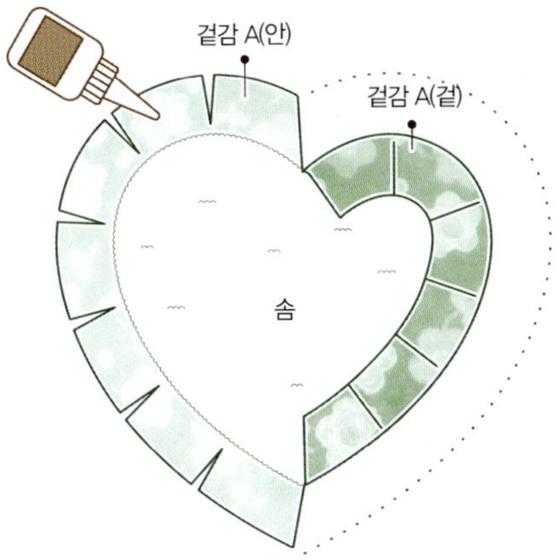

01 앞판 겉감 A의 곡선 시접 부분에 가위집을 넣습니다. 겉감의 안에 솜을 넣고 목공본드로 시접을 솜 쪽으로 접어 팽팽히 당겨 붙입니다.

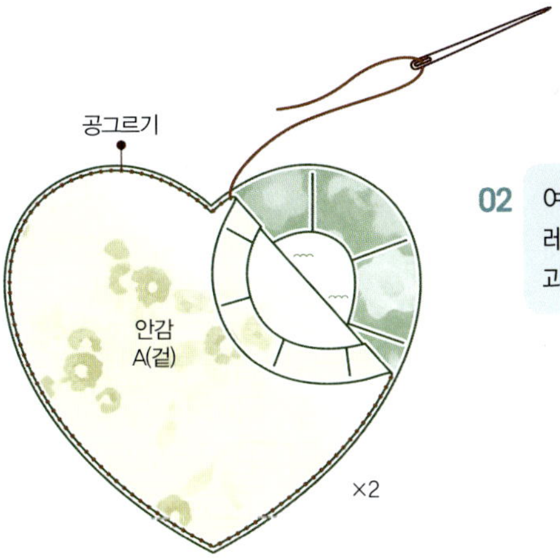

02 여기에 안감의 시접을 접어 넣어 둘레를 공그르기합니다. 이렇게 앞판과 뒷판을 각각 만드세요.

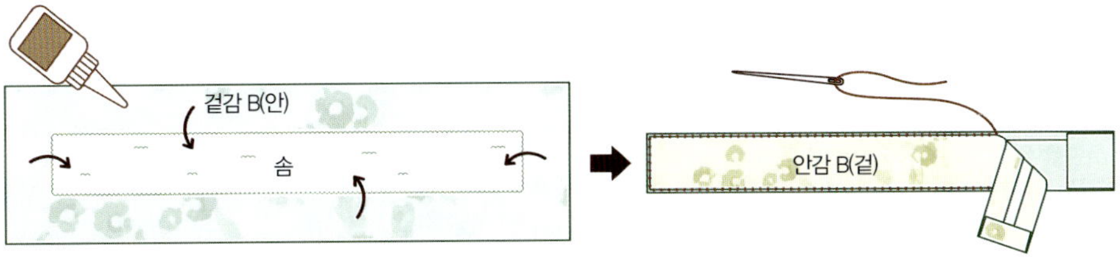

03 옆판 B도 만드세요. A와 같은 방법입니다.

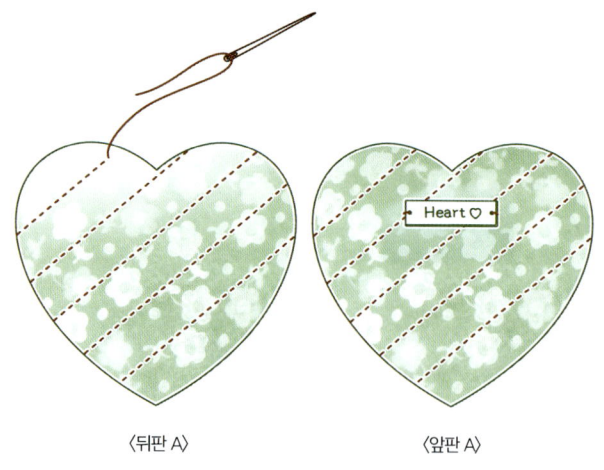

04 A에 1.5cm 간격으로 사선 퀼팅을 합니다. 퀼팅 후 앞판에만 가죽 라벨을 다세요.

〈뒤판 A〉　　〈앞판 A〉

05 옆판 B와 지퍼를 연결합니다. 지퍼의 길이를 겉에 14.7cm만큼 표시한 후 옆판과 지퍼의 양끝 선을 공그르기로 연결합니다.

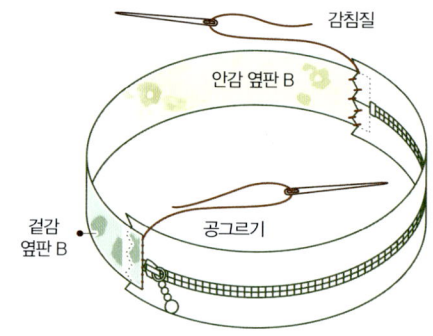

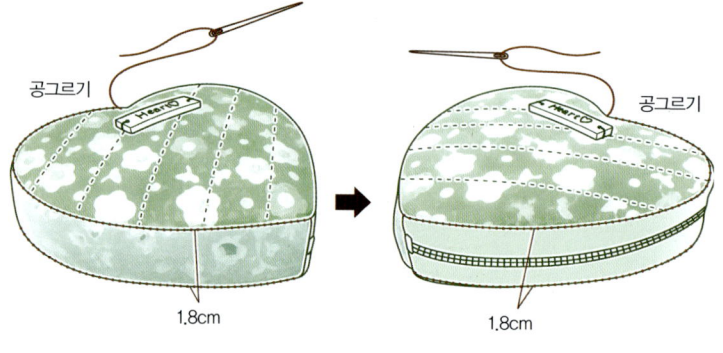

06 앞판–옆판–뒷판을 공그르기로 연결합니다. 지퍼 부분은 폭을 옆판처럼 1.8cm가 되도록 앞판과 뒷판에 바느질합니다.

07 안감 쪽으로 뒤집어 옆면을 한 번 더 공그르기하고 지퍼의 여분도 감침질로 고정합니다.

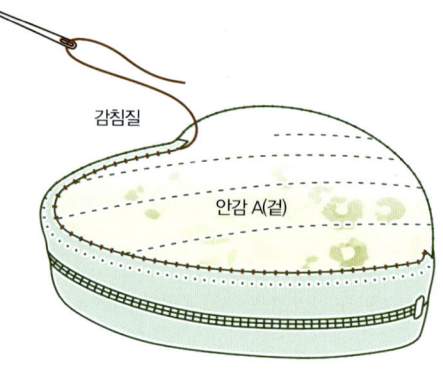

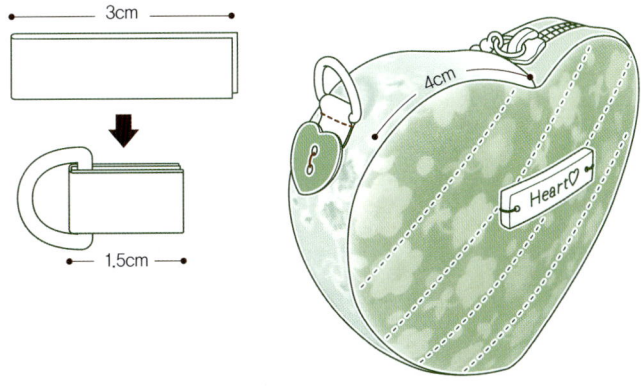

08 리넨 테이프를 6cm로 잘라 두 겹으로 접은 후(3cm), 또 반을 접어(1.5cm) 그 사이에 D링을 거세요.

09 리넨 테이프를 오른쪽 그림 위치에 바느질하고 자개단추를 달면 완성입니다.

⑫ 루돌프, 산타 마카롱 동전지갑

난이도 중급 ★★★
사이즈 높이 약 6cm

12 루돌프 마카롱 동전지갑

준비하기
얼굴 원단(30×15cm), 귀 안쪽 원단(10×5cm), 뿔 펠트(10×10cm), 코 방울(1cm) 1개, 안감(20×10cm), 접착심(20×10cm), 2온스 접착솜(20×10cm), 지퍼(17cm) 1개, 체인 키링 1개, 갈색 수실 40cm, 물방울 마카롱 틀 2개

재단하기
특별한 표기가 없는 부분은 시접 7mm를 남기고 재단합니다.
얼굴 겉감 A: 겉감 A 실물본 2장(시접 1.5cm), **귀 겉감:** B 실물본 2장(각각 대칭, 시접 5mm), **뿔 겉감(펠트):** 실물본 4장(시접 없음), **얼굴 안감:** 안감 A 실물본 2장(시접 1cm), **귀 안감:** B 실물본 2장(각각 대칭, 시접 5mm), **얼굴 솜:** 겉감 A 실물본 2장, **H 솜:** 1×1.2cm 1장, **연결 부분 H:** 2.5×3.5cm 2장(시접 포함), **A 접착심:** 안감 A 실물본 2장

A, B, H 재단 배치도

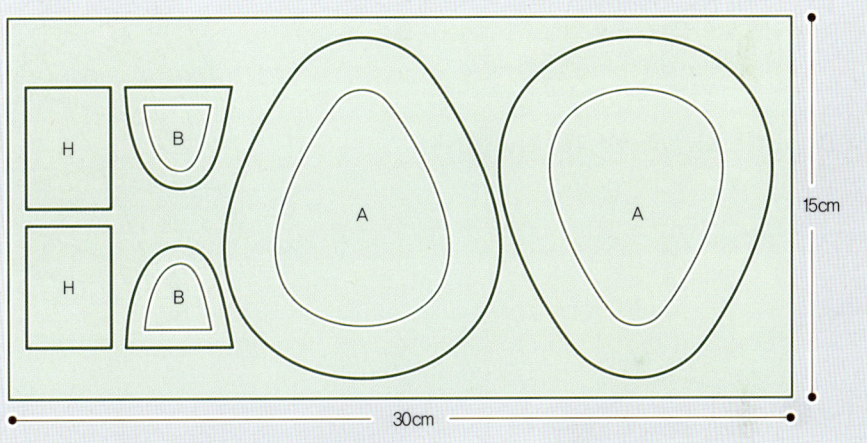

루돌프 마카롱 동전지갑 만들기

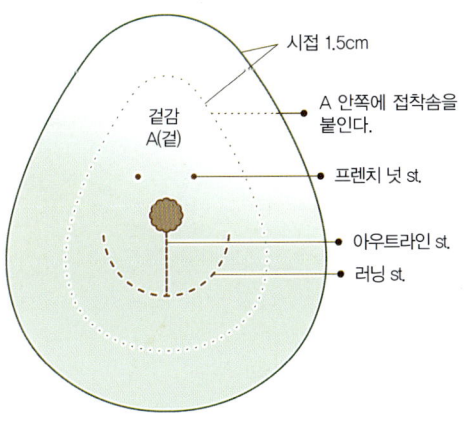

01 얼굴 겉감 A 안쪽에 접착솜을 붙인 후 앞면에는 눈, 인중, 입을 수놓습니다.
★ 눈-프렌치 넛 st. 인중-아웃트라인 st. 입-러닝 st.
★ 자수 실은 두 줄 사용
★ st은 스티치의 약자

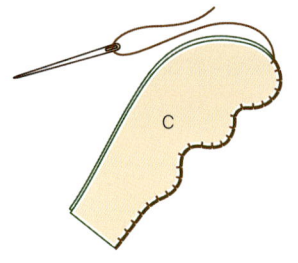

02 펠트로 뿔을 만듭니다. 2장을 겹쳐 버튼 홀 스티치를 합니다. 2개 만듭니다.

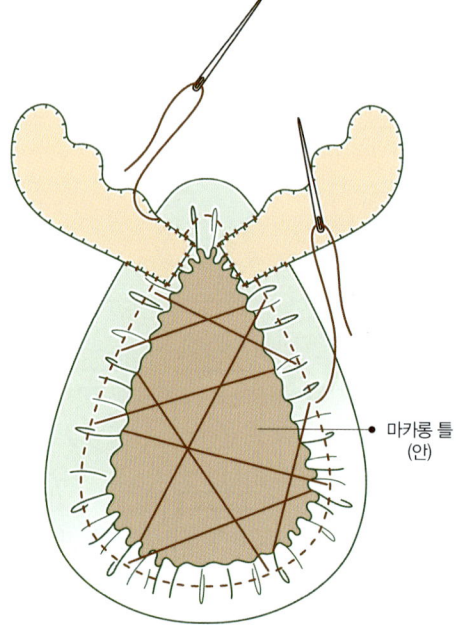

03 테두리 시접 둘레를 바느질하고 마카롱 틀을 안에 넣고 잡아당긴 후 그림처럼 얼기설기 엮어 단단히 고정합니다(앞판, 뒷판 각각).

04 완성된 뿔을 앞면 쪽에 그림처럼 고정합니다.

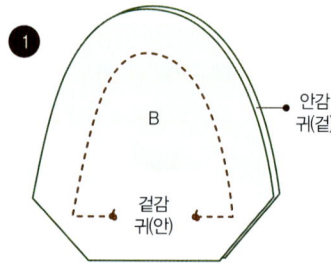

05 귀를 만듭니다.
① B 겉감 겉–안감 겉을 만나게 겹쳐 창구멍을 남기고 바느질한 후 시접에 가위집을 내고 뒤집습니다.
② 창구멍은 공그르기로 막습니다.
③ 패턴에 표시한 점선대로 접어 바느질로 고정합니다.

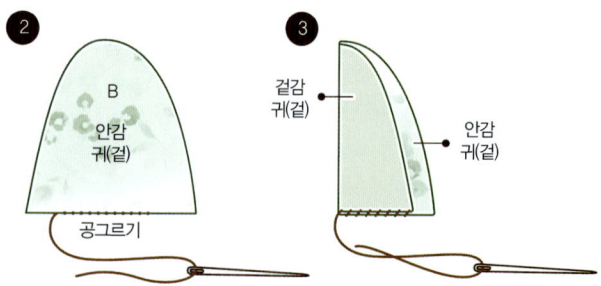

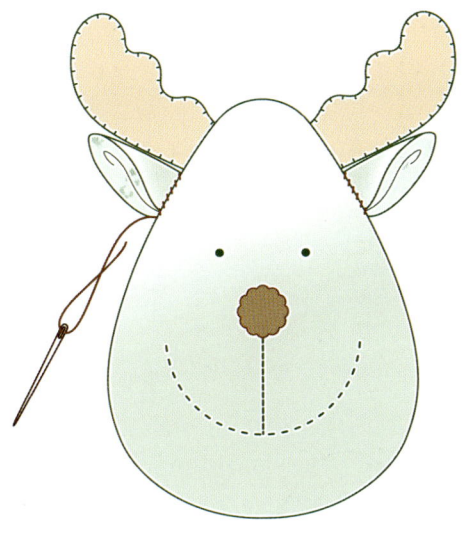

06 완성된 귀를 앞면 옆선에 공그르기로 붙입니다.

07 연결 부분 원단 H 2장 중 1장의 안쪽에만 1×2cm 크기의 접착솜을 붙인 후 위, 아래 시접을 접습니다.

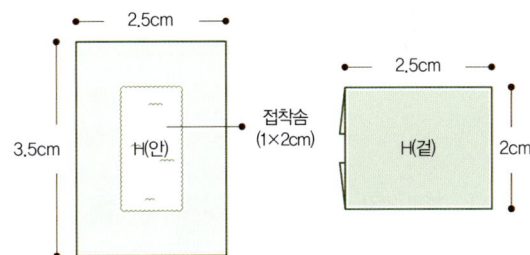

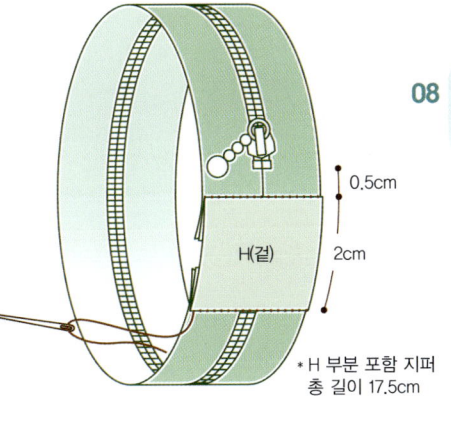

08 총 길이를 꼭 맞춰 지퍼와 솜을 붙인 H를 연결합니다.

09 지퍼 시접에 홈질하여 안쪽으로 살짝 잡아당기세요.

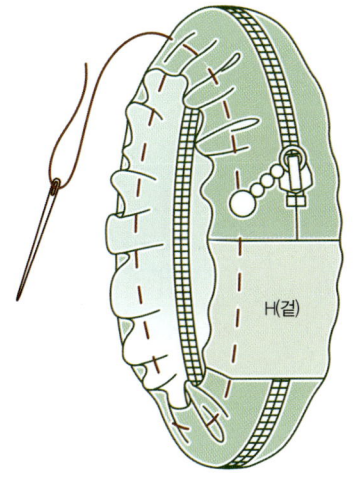

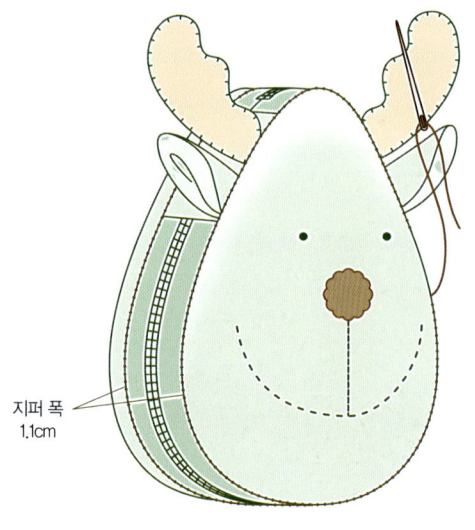

지퍼 폭 1.1cm

10 앞면, 지퍼, 뒷면을 공그르기로 연결합니다. 지퍼 폭은 1.1cm로 합니다.

11 얼굴 안감 안쪽에 접착심을 붙이고 시접에 홈질하여 안쪽으로 잡아당기세요.

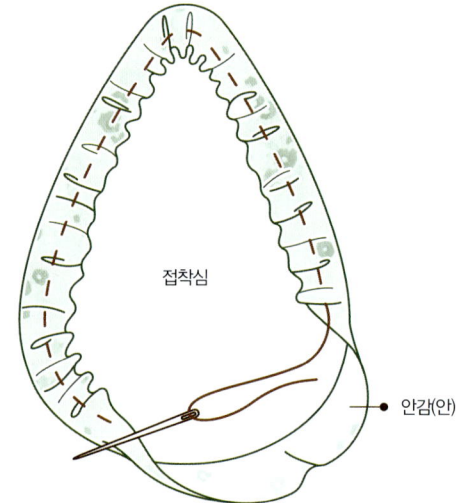

접착심

안감(안)

12 마카롱 틀 안쪽에 완성된 연결 부분 H와 안감을 공그르기하면 완성입니다.

안감(겉)

12 산타 마카롱 동전지갑

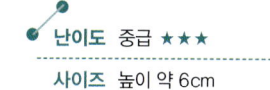

난이도 중급 ★★★
사이즈 높이 약 6cm

준비하기
모자 원단(20×10cm), 모자챙 원단(15×10cm), 얼굴 원단(15×10cm), 수염 원단(10×15cm), 코 원단(3×3cm), 안감(20×10cm), 모자 방울(10mm) 2개, 갈색 수실(40cm), 지퍼(17cm) 1개, 2온스 접착솜(20×10cm), 접착심(20×10cm), 체인 키링 1개, 물방울 마카롱 틀 2개

재단하기
특별한 표기가 없는 부분은 시접 7mm를 남기고 재단합니다.
모자 A 겉감: 실물본 2장(전체 시접 1.5cm, 아플리케 시접 3~5mm), **모자챙 B 겉감**: 실물본 2장(전체 시접 1.5cm, 아플리케 시접 3~5mm), **앞 얼굴 C 겉감**: 실물본 1장(전체 시접 1.5cm, 아플리케 시접 3~5mm), **수염 D 겉감**: 실물본 1장(전체 시접 1.5cm, 아플리케 시접 3~5mm), **콧수염 E, E' 겉감**: 실물본 각 1장씩(아플리케 시접 3~5mm), **코 F 겉감**: 실물본 1장 (아플리케 시접 3~5mm), **뒤통수 G 겉감**: 실물본 1장(전체 시접 1.5cm, 아플리케 시접 3~5mm), **연결 부분 H**: 2.5×3.5cm 2장(시접 포함), **안감**: 안감 실물본 2장(시접 1cm), **솜**: A 실물본 2장, H용 솜: 1×1.2cm 1장, **접착심**: 안감 실물본 2장

수염 원단 재단 배치도

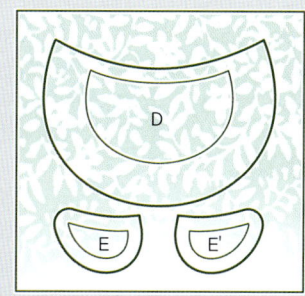

모자, H 재단 배치도

산타 마카롱 동전지갑 만들기

01 앞판과 뒷판 겉감을 각각 아플리케합니다. 번호 순서대로 하며 모자 A와 모자챙 B를 먼저 연결한 후 얼굴에 아플리케하세요.

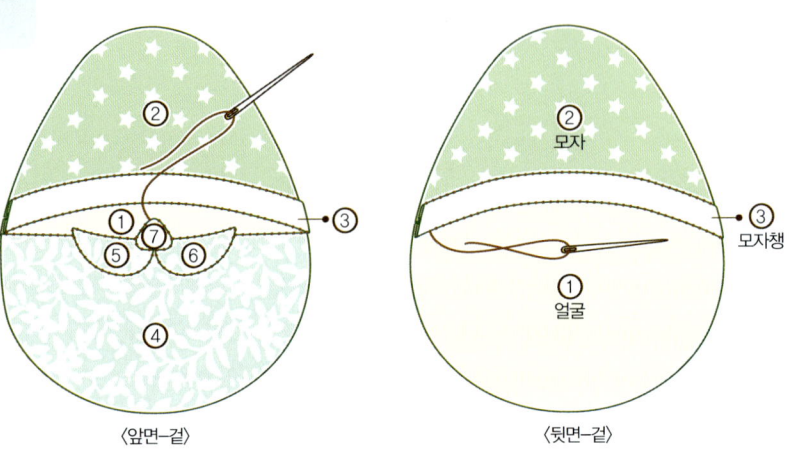

02 앞판과 뒷판 안쪽에 접착솜을 붙입니다. 앞판 수염에 퀼팅한 후 눈을 수놓으세요.

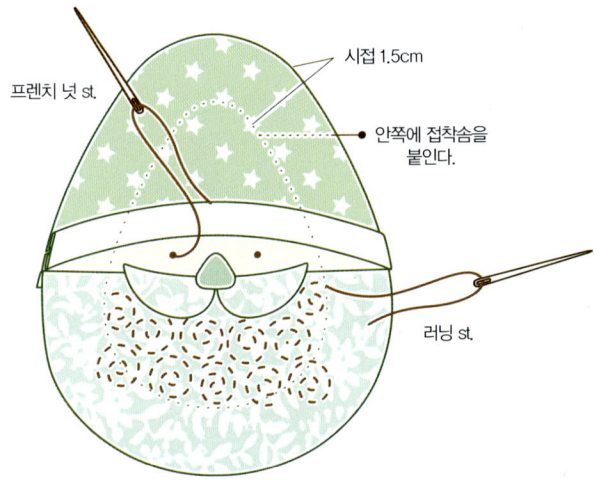

03 테두리의 시접 둘레를 바느질하고 마카롱 틀을 안에 넣고 잡아당긴 후 그림처럼 얼기설기 엮어 단단히 고정합니다(앞면, 뒷면 각각).

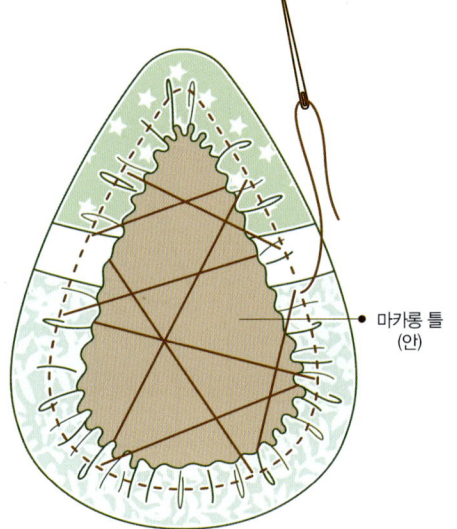

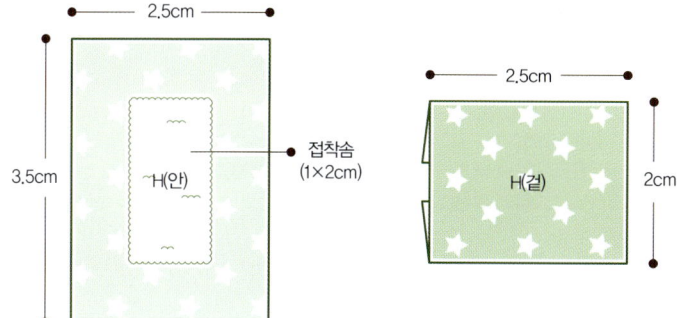

04 연결 부분 H 2장 중 1장의 안쪽에만 1×2cm 크기의 접착솜을 붙인 후 위 아래 시접을 접습니다.

05 총 길이를 꼭 맞춰 지퍼와 솜을 붙인 H를 연결합니다.

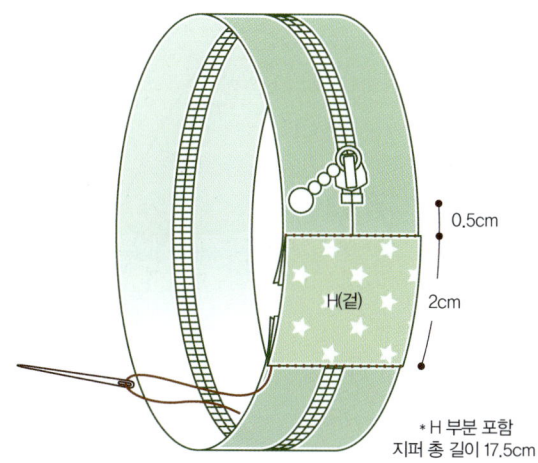

06 지퍼 시접에 홈질하여 안쪽으로 살짝 잡아당기세요.

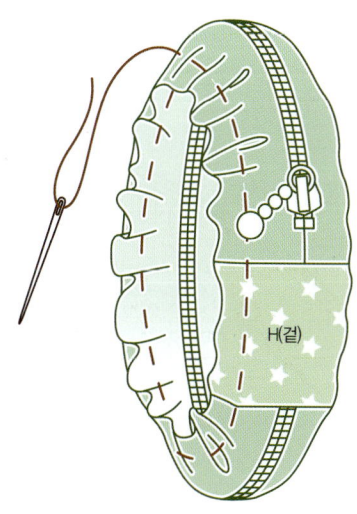

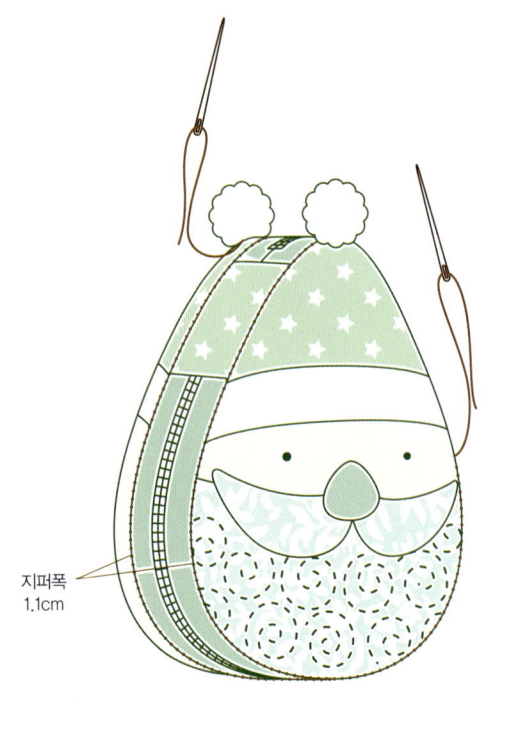

지퍼폭
1.1cm

07 앞판, 지퍼, 뒷판을 공그르기로 연결합니다.
지퍼 폭은 1.1cm 입니다.

08 안감 안쪽에 접착심을 붙이고 시접에 홈질하여 안쪽으로 잡아당기세요.

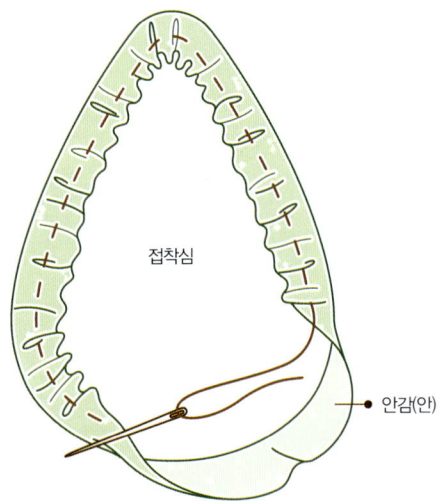

접착심

안감(안)

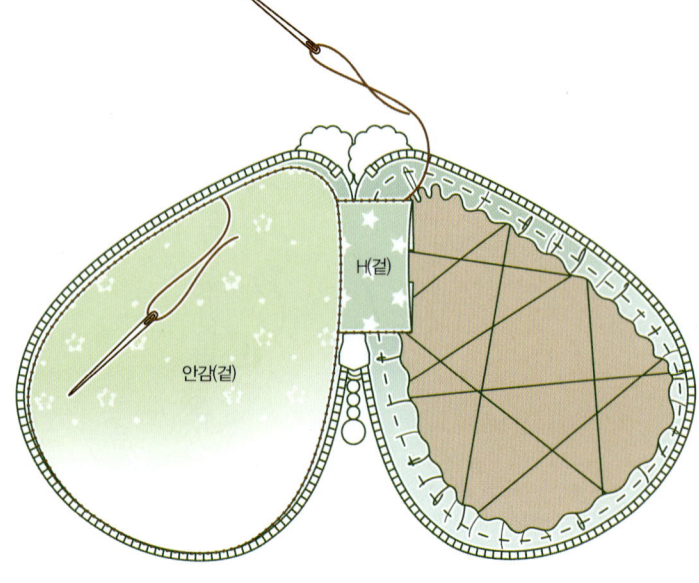

안감(겉)

H(겉)

09 마카롱 틀 안쪽에 H와 안감을 공그르기하면 완성입니다.

⑬ 눈사람 마카롱 동전지갑

난이도 중급 ★★★
사이즈 높이 약 6.5cm

13 눈사람 마카롱 동전지갑

준비하기

본체 바탕 원단(25×15)cm, 목도리 원단 2종(10×10cm), 장갑 원단(4×4cm), 안감 원단(20×10cm), 2온스 접착솜(20×10cm), 접착심(20×10cm), 방울(8mm) 2개, 주황색 펠트(3×3cm), 갈색과 빨강 수실 각 30cm, 지퍼(17cm) 1개, 체인 키링, 눈사람 마카롱 틀 2개

재단하기

특별한 표기가 없는 부분은 시접 7mm를 남기고 재단합니다.
본체 A 겉감: 전체 크기 2장(전체 시접 1.5cm), **목도리 B 겉감:** 실물본 1장(전체 시접은 1.5cm, 아플리케 시접은 3~5mm), **목도리 B1 겉감:** 실물본 1장(아플리케 시접은 3~5mm), **목도리 C 겉감:** 실물본 1장(전체 시접은 1.5cm, 아플리케 시접은 3~5mm), **목도리 C1 겉감:** 실물본 1장(아플리케 시접은 3~5mm), **목도리 C2 겉감:** 실물본 1장(전체 시접은 1.5cm, 아플리케 시접은 3~5mm), **장갑 겉감:** 실물본 1장(아플리케 시접은 3~5mm), **코 겉감:** 실물본 1장(시접 없음), **본체 안감:** 안감 실물본 2장(시접 1cm), **본체 솜:** A 실물본 2장, **연결 부분 H:** 2.5×3.5cm 2장(시접 포함), **H용 솜:** 1×1.2cm 1장, **접착심:** 안감 실물본 2장(시접 없음)

원단 재단 배치도

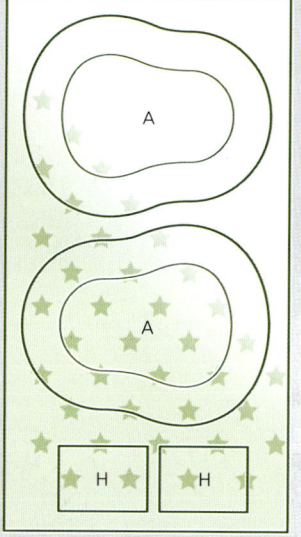
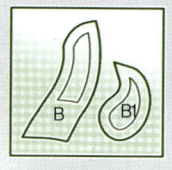
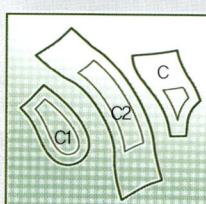

눈사람 마카롱 동전지갑 만들기

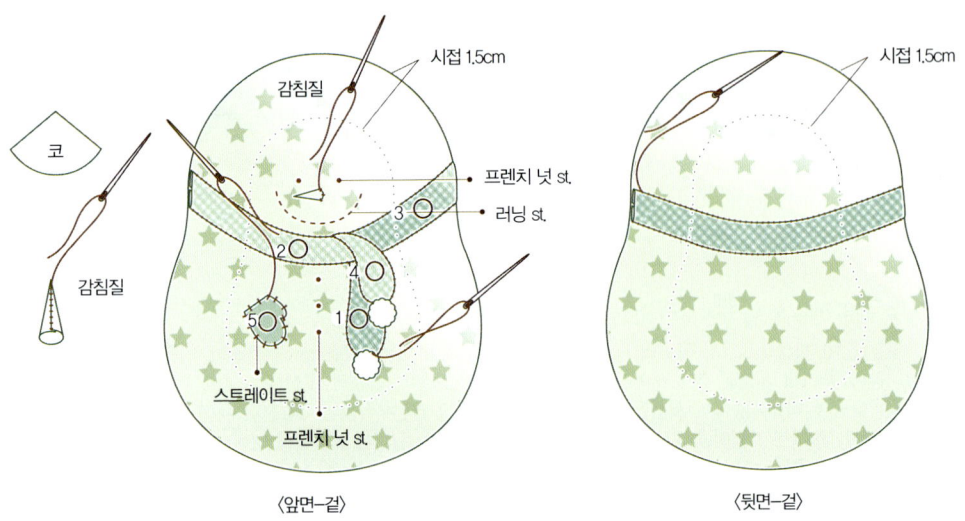

01 앞판, 뒷판 바탕 A에 각각 아플리케합니다. 번호 순서대로 아플리케하세요. 코는 펠트를 돌돌 말아 감침질로 고정한 후 얼굴 바탕에 돌아가면서 감침질로 붙입니다.

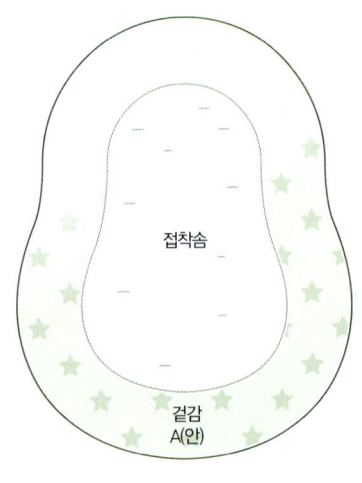

02 본체 A의 겉감 안쪽에 접착솜을 붙입니다. 앞판에 눈, 입을 수놓으세요(실 두 줄). 장갑 둘레도 스티치합니다.

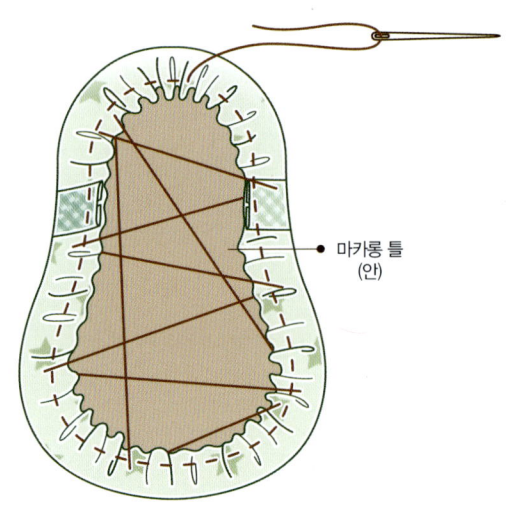

03 테두리 시접 둘레를 바느질하고 마카롱 틀을 안에 넣고 잡아당긴 후 그림처럼 얼기설기 엮어 단단히 고정합니다(앞판, 뒷판 각각).

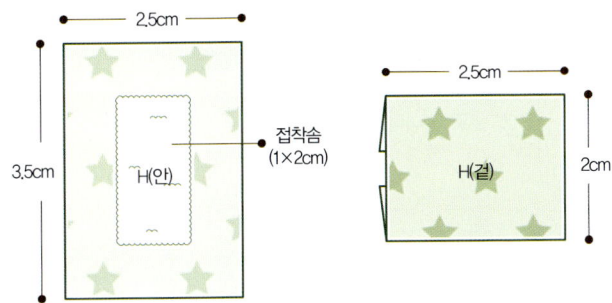

04 연결 부분 H 2장 중 1장의 안쪽에만 1×2cm 크기의 접착솜을 붙인 후 위, 아래 시접을 접습니다.

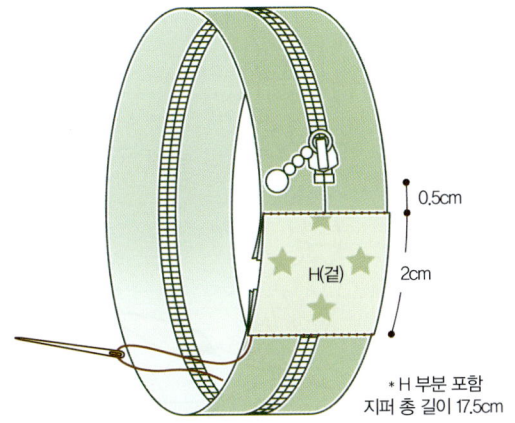

05 총 길이를 꼭 맞춰 지퍼와 솜을 붙인 H를 연결합니다.

06 지퍼 시접에 홈질하여 안쪽으로 살짝 잡아당기세요.

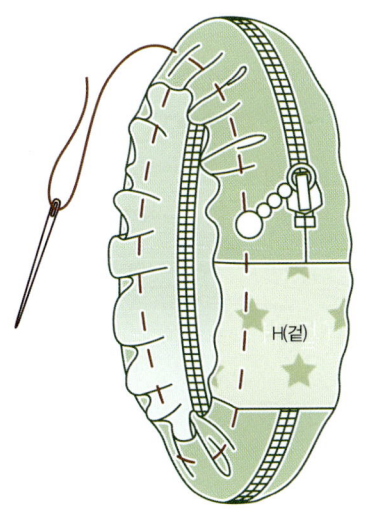

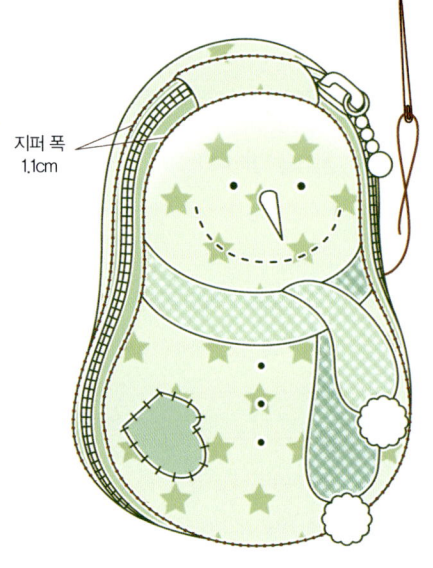

07 앞판, 지퍼, 뒷판을 공그르기로 연결합니다. 지퍼 폭은 1.1cm로 합니다. 목도리의 방울도 답니다.

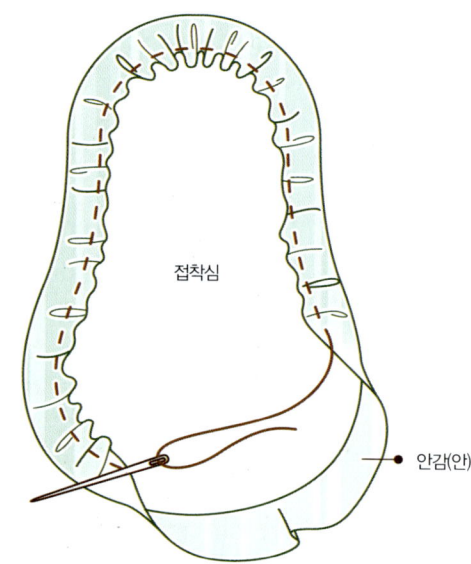

08 안감 안쪽에 접착심을 붙이고 시접에 홈질하여 안쪽으로 잡아당기세요.

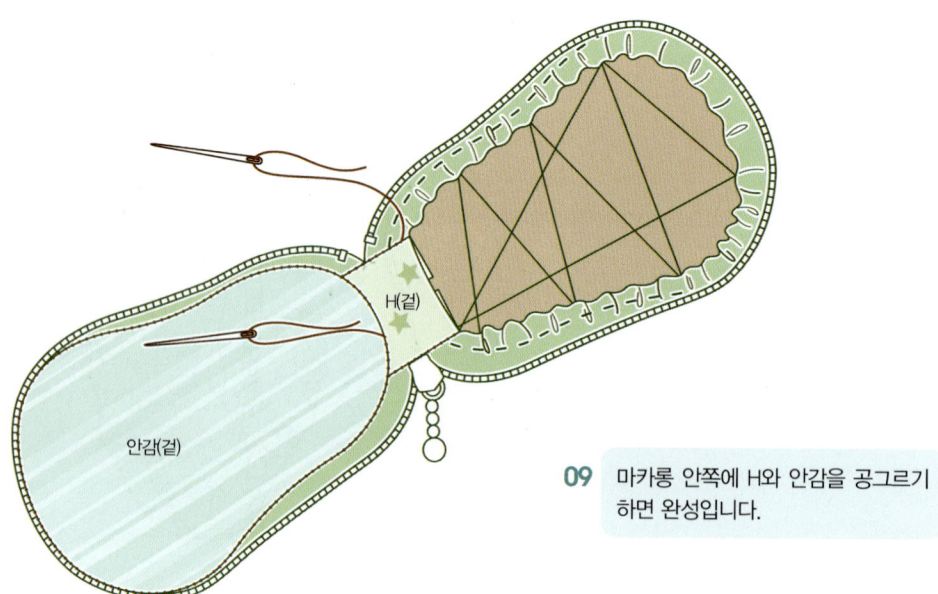

09 마카롱 안쪽에 H와 안감을 공그르기하면 완성입니다.

3 · 다양한 지갑 만들기 89

⑭ 데이지 클립형 반지갑

난이도 고급 ★★★★
사이즈 11.5×11cm

14 데이지 클립형 반지갑

준비하기
겉감 A 원단(40×30cm), 리넨 무지 원단(70×50cm), 지폐 칸 B 원단(30×25cm), 옆판 F 원단(40×15cm), 휘저블시트(35×35cm), 가방솜(55×15cm), 4.5온스 접착솜(15×15cm), 가죽 라벨 1개, 115번 클립형 프레임 1개, 스냅단추(8mm) 1개

재단하기
모든 시접은 별도입니다. 일단 1cm 이상 시접을 남겼다가 전체 바이어스하기 전에 바이어스 부분은 7mm, 프레임 부분은 1cm로 잘라 정리합니다.
전체 A 겉감(리넨 프린트): A 실물본 1장, **전체 A 안감(리넨 무지 원단)**: A 실물본 1장, **지폐 칸 B**: B 실물본 2장, **전체 바이어스**: 110×3.5cm(시접 포함), **카드 칸 C, C'(리넨 무지 원단)**: 39×9cm 1장씩, **동전 지갑 D(리넨 프린트)**: D 실물본 2장, **포켓 뚜껑 E(리넨 무지 원단)**: E 실물본 2장, **동전 칸 옆판 F**: 실물본 4장, **안감 바이어스**: 25×3cm 1장(시접 포함), **전체 솜(가방솜)**: A 실물본 1장, **동전 지갑 칸 솜(가방솜)**: D 실물본 1장, **포켓 뚜껑 솜(4.5 온스 접착솜)**: E 실물본 1장, **B 휘저블시트**: B 실물본 1장(시접 없음), **F 휘저블시트**: F 실물본 2장(시접 없음), **C, C' 휘저블시트**: 3×9cm 8장(시접 없음)

내부 전개도
★ 지갑은 사이즈가 중요하므로 전개도의 치수를 꼭 지키세요. 겉 퀼트, 내부, 내부 카드 칸 모두 시접을 여유 있게 만들어서 내부 칸을 모두 배치한 후 최종 바이어스 직전에 여분을 자릅니다.
★ 겉판보다 내부 칸(B)의 사이즈가 작습니다. 내부 카드 칸을 접었을 때 구겨지지 않게 하기 위해서입니다.

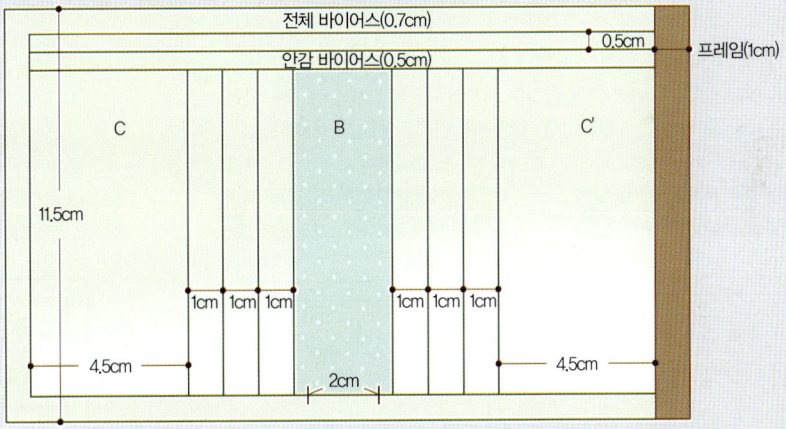

C, C' - 카드 칸 전개도(사방에 시접 별도)

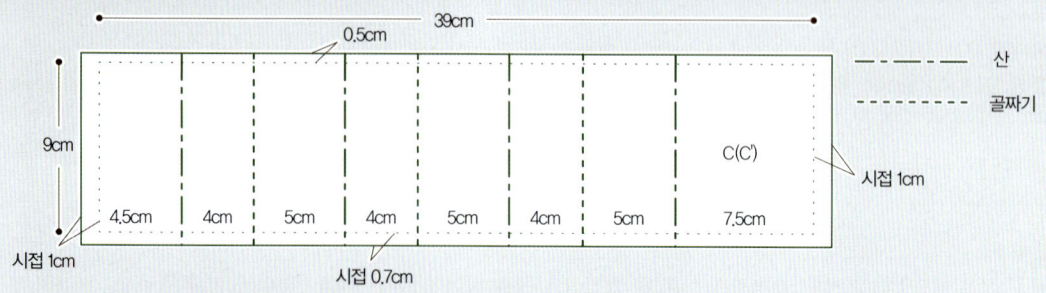

안감 바이어스가 될 부분이므로 위쪽 시접은 바이어스 직전 0.5cm로 정리합니다.

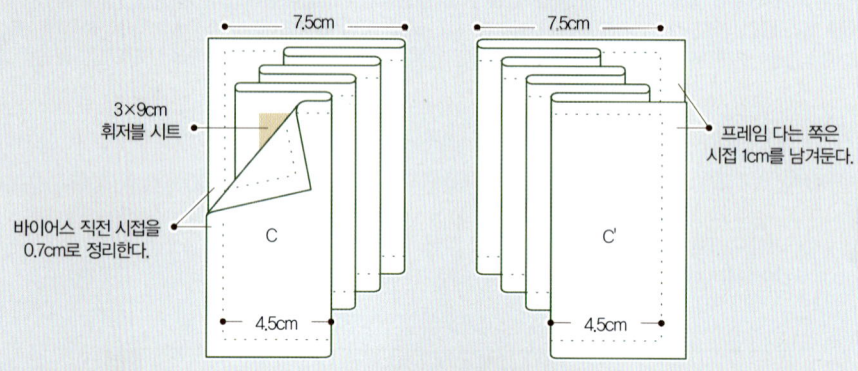

그림처럼 접어 접힌 선(산)에 바짝 붙여 잘라둔 휘저블시트를 다림질로 붙이세요.
C와 C'는 같은 크기로 방향만 대칭입니다. 시접량이 각각 다르니 주의하세요.

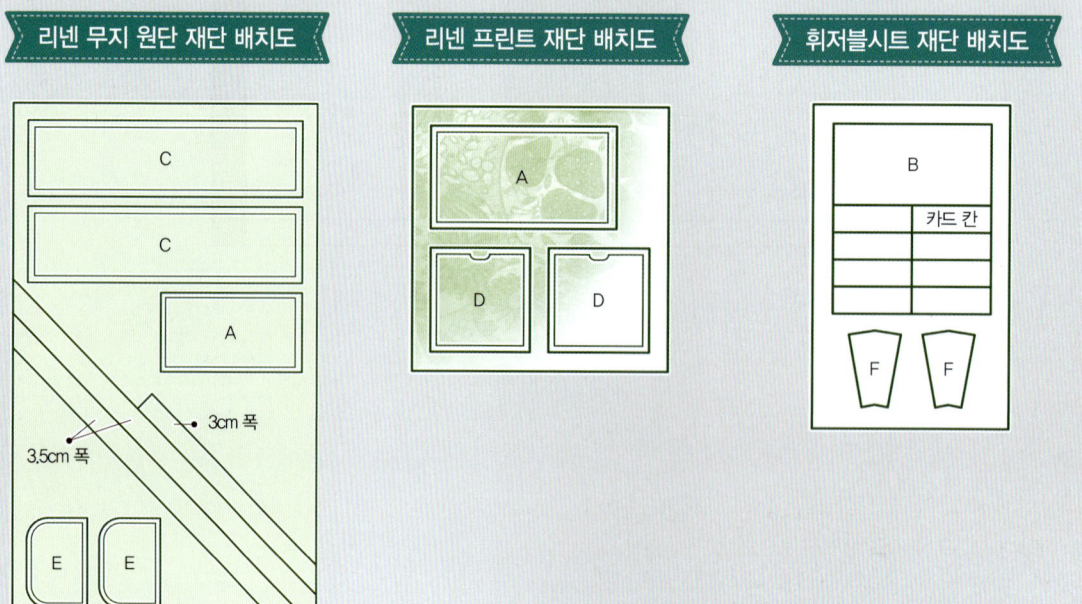

데이지 클립형 반지갑 만들기

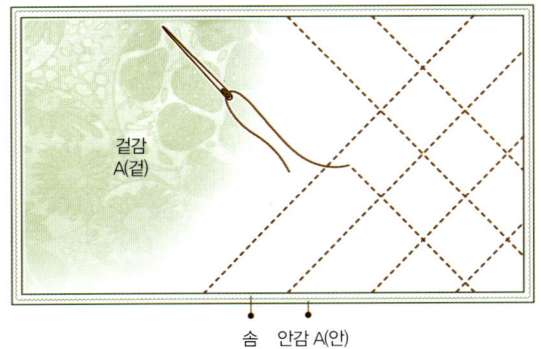

01 전체 겉감 A, 솜, 안감 순서대로 겹쳐서 퀼팅합니다. 퀼팅 후 다시 완성선을 그리세요. 퀼팅을 하면 천이 줄어들기 때문에 다시 한 번 완성선을 그립니다.

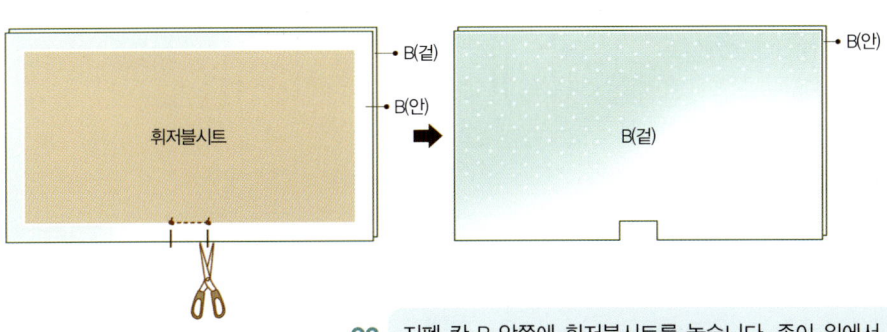

02 지폐 칸 B 안쪽에 휘저블시트를 놓습니다. 종이 위에서 다림질로 붙인 후 B 2장을 겉끼리 만나게 겹쳐 아래쪽 중앙에 2cm 정도 홈질하고 그림처럼 가위집을 내어 뒤집습니다. 휘저블시트의 종이를 떼고 겉에서 다림질하여 2장을 완전히 붙입니다.

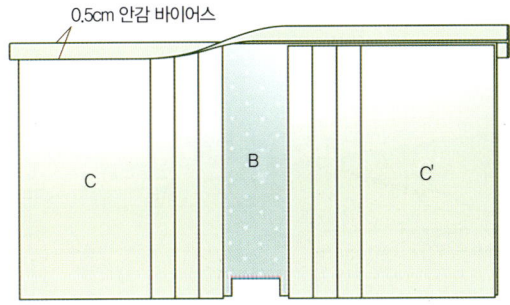

03 B의 양쪽에 카드 칸 안감 C와 C'를 배치하고 위쪽 시접을 0.5cm로 정리한 후 바이어스합니다.

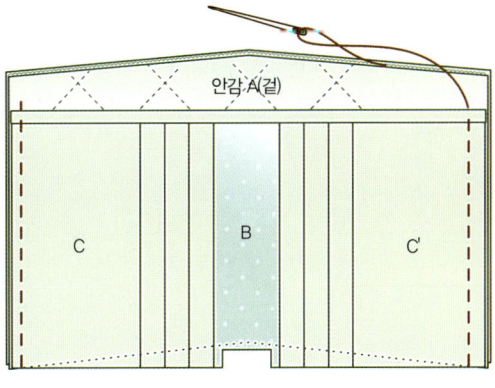

04 전체 겉감 A와 지폐, 카드 칸 부분 C+B+C'를 겹쳐서 패턴 표기대로 시접을 정리합니다. 카드 칸 부분은 전체 겉감 A 부분보다 작으므로 미리 양 옆선을 시침질하여 고정합니다. 겉감이 커서 그림처럼 약간 휘어집니다.

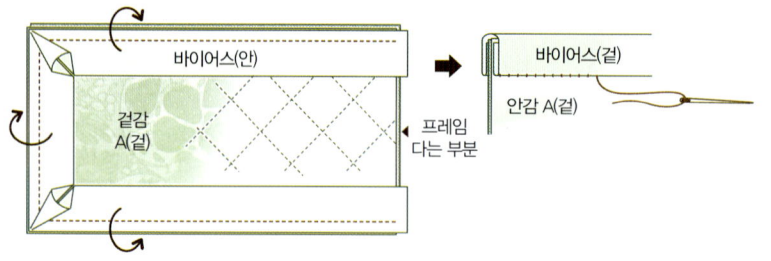

05 전체를 바이어스합니다. 프레임과 연결되는 부분은 바이어스하지 않습니다. 이때 지폐칸 B의 아래쪽에 미리 바느질한 트임 부분은 바이어스에 물리지 않습니다. 안쪽에서 바이어스 시접을 접어 넣고 공그르기로 마무리합니다.

06 바이어스를 하지 않은 프레임을 다는 부분은 감침질로 시접을 정리하고 프레임을 답니다. 프레임 안쪽에 공예용 본드를 바릅니다. 퀼트한 부분의 양옆을 살짝 눌러 프레임에 끼우고 모양을 잘 잡은 후 나사로 고정합니다. 프레임의 여밈 장식이 겉쪽으로 오게 합니다.

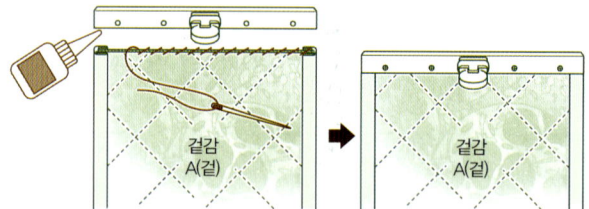

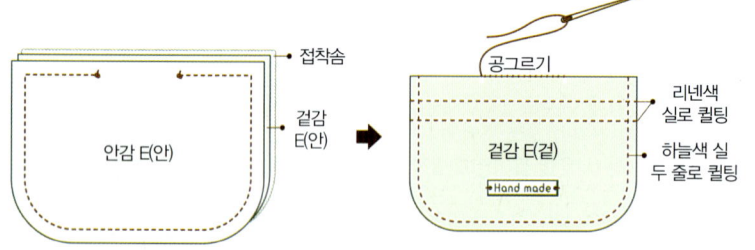

07 포켓 뚜껑 겉감 T를 안감, 겉감, 접착솜의 순서대로 겹쳐 창구멍을 남긴 채 바느질합니다(접착 면은 안감 쪽). 뒤집어 창구멍을 공그르기로 막고 접착솜을 다림질하여 붙입니다. 퀼팅을 하고 라벨을 달아주세요.

08 완성된 포켓 뚜껑을 본체 안쪽의 프레임 바로 밑에 공그르기로 연결합니다. 뚜껑을 들어서 안쪽에서도 튼튼하게 다시 한 번 공그르기하세요. 뚜껑 안쪽과 본체 겉쪽에 스냅단추를 답니다.

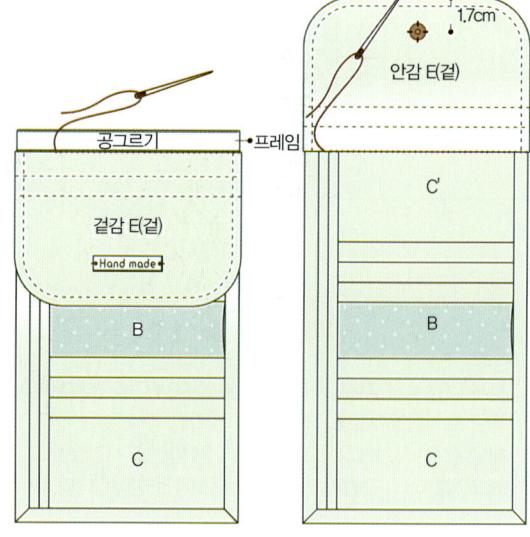

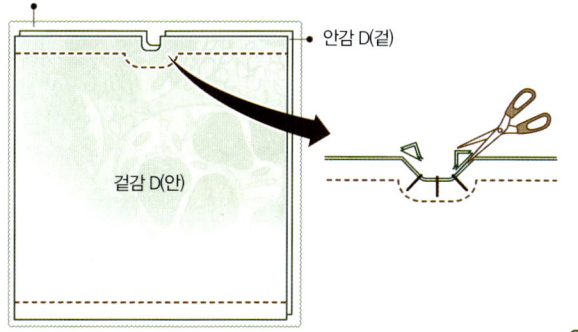

09 동전 지갑 칸 D를 만듭니다. '겉감 겉+안감 겉 만나게+솜' 순서대로 겹치고 위, 아래만 바느질해서 뒤집으세요.

10 동전 지갑 칸 D에 퀼팅을 하고 양옆에 바이어스를 합니다.

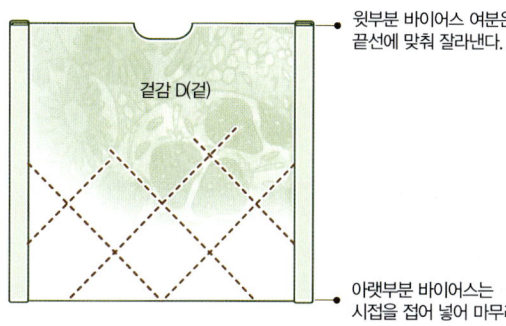

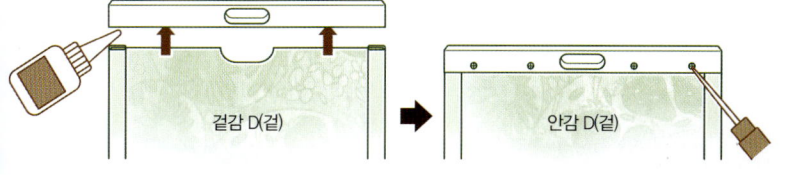

11 D에 구멍이 있는 프레임을 답니다. 프레임 안쪽에 공예용 본드를 바릅니다. 퀼트 양옆을 살짝 눌러 프레임에 끼우고 모양을 잡은 후 안쪽에서 나사를 끼워 고정시킵니다. 나사가 안쪽으로 보여야 합니다.

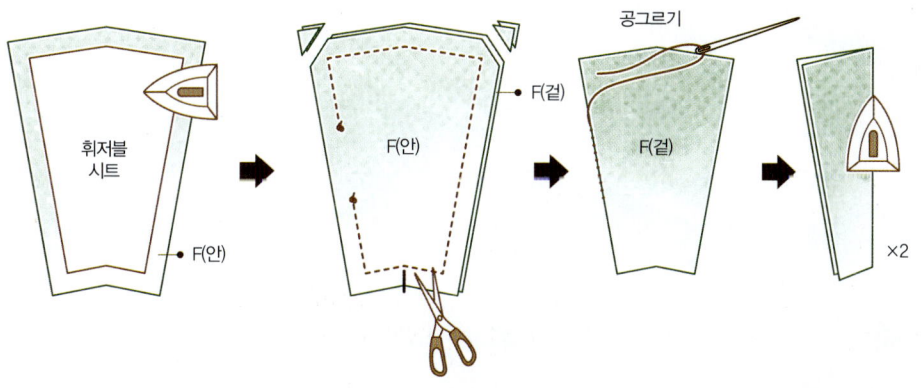

12 동전 지갑 옆판 F 안쪽에 휘저블시트를 놓고 종이 부분을 다림질하여 붙입니다. F 2장을 겉끼리 만나게 겹쳐 창구멍을 남긴 채 바느질합니다. 휘저블시트 종이를 떼어내고 뒤집어서 겉에서 다림질해서 완전히 붙입니다. 창구멍에 시접을 접어 넣고 공그르기합니다. 그리고 반을 접어 다림질로 눌러줍니다. 이렇게 F 2개를 만듭니다.

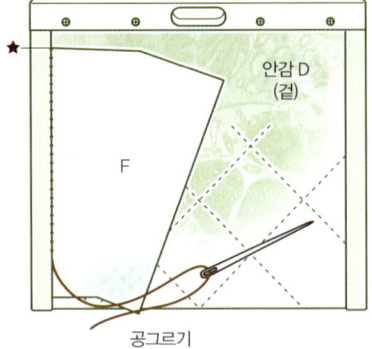

13 완성된 F를 동전 지갑 칸 D의 바이어스 안쪽에 공그르기로 연결합니다.

★ 위치를 잘 맞춰서 바느질하세요. F를 양쪽에 달아줍니다.

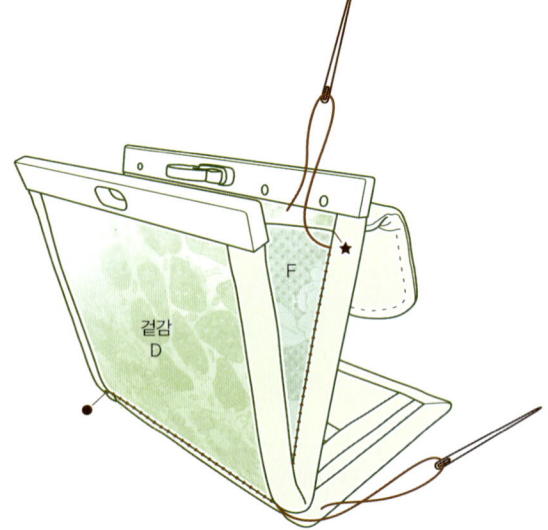

14 완성된 F를 본체에 공그르기로 연결하고 동전 칸 밑면도 공그르기로 튼튼하게 달면 완성입니다. 프레임을 달아서 기호 위치와 자연스럽게 잘 맞도록 하여 바느질하세요.

⑮ 심플패치 반지갑

난이도 초급 ★★
사이즈 12cm×10.5cm

15 심플패치 반지갑

준비하기
겉감 2종(25×15cm), 고리 원단(15×10cm), 안감(110×30cm), 바이어스(110cm×3.5cm), 휘저블시트(30×20cm), 가방솜(30×15cm), 지퍼(10cm) 1개, 스냅단추(8mm) 1개, 장식 재료(단추, 레이스 등) 약간

재단하기
특별한 표기가 없는 부분은 시접 7mm를 남기고 재단합니다.
지폐 칸 A: 실물본 2장, **카드 칸 B, B'**: 35×9cm 각 1장씩, **겉감 C**: C 실물본 1장, **겉감 D**: D 실물본 1장, **동전 칸 포켓 E**: 10×18cm 1장, **겉감 F**: F 실물본 1장, **고리 G**: 실물본 2장, **C+F의 안감 H**: C+F 크기 1장, **동전 칸 안감 D**: D실물본 1장, **안감 바이어스**: 3×22cm 1장(시접 포함), **솜**: 전체 크기 1장, **지폐 칸 휘저블시트**: A 실물본 1장(시접 없음), **카드칸 B, B' 휘저블시트**: 4×9cm 6장

★ B와 B'는 재단 사이즈는 같고 접는 방향만 반대입니다.
★ 지갑은 사이즈가 중요하므로 전개도의 치수를 꼭 지켜주세요. 일단은 겉 퀼트, 내부 카드 칸 모두 시접을 여유있게 만들어서 내부 칸을 모두 배치한 후 여분을 자릅니다.
★ 접었을 때 내부 카드 칸이 구겨지지 않도록 겉 퀼트보다 내부 칸 A의 사이즈가 작습니다. (기성품 반지갑처럼 하단 중앙이 트여 있는 디자인입니다.)

전개도

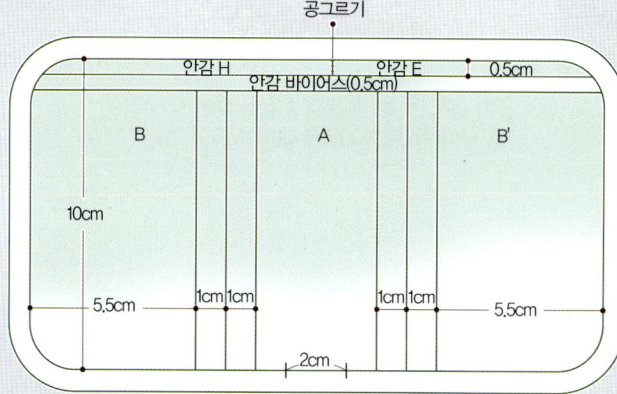

★ 4번 그림을 참고하세요.

B, B' 전개도

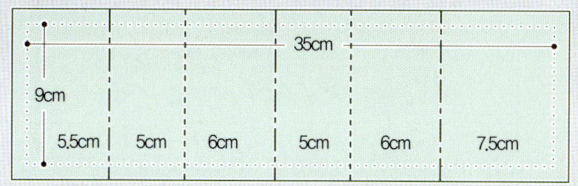

안감 재단 배치도

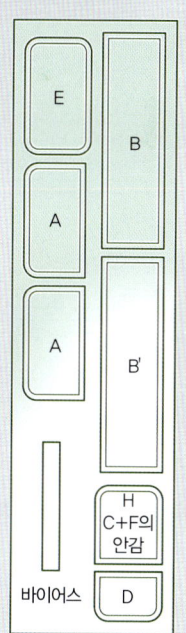

심플패치 반지갑 만들기

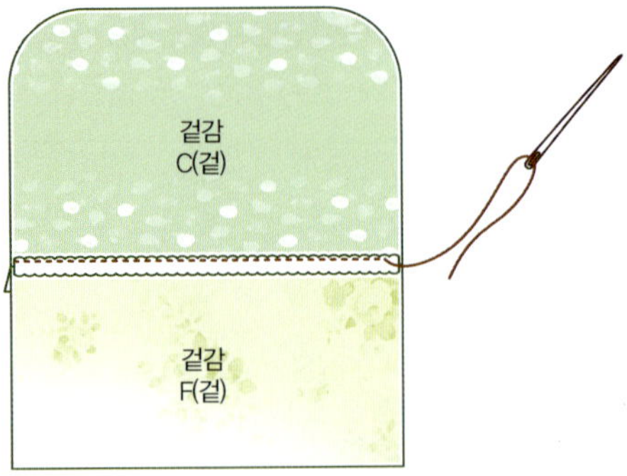

01 왼쪽 겉감 C와 중앙 겉감 F를 연결하고 레이스를 달아주세요.

02 '(C+F 겉감)+솜+안감 H'를 순서대로 겹쳐서 퀼팅합니다. D 부분도 같은 방법으로 퀼팅합니다.

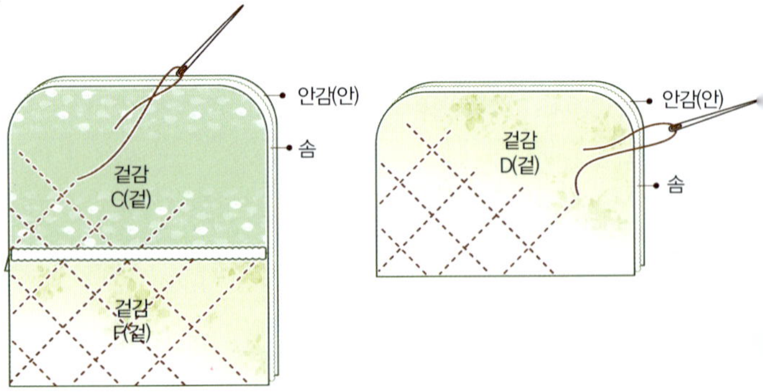

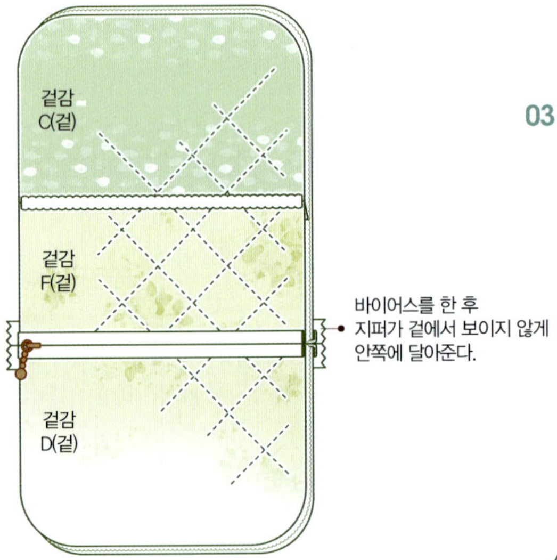

03 F와 D가 만나는 부분의 시접을 5mm로 정리한 후 바이어스하고 지퍼를 답니다.

바이어스를 한 후 지퍼가 겉에서 보이지 않게 안쪽에 달아준다.

04 동전 칸 안감 E를 반으로 접어 그림처럼 안감 D 부분을 덮어 공그르기하여 동전 포켓을 만듭니다.

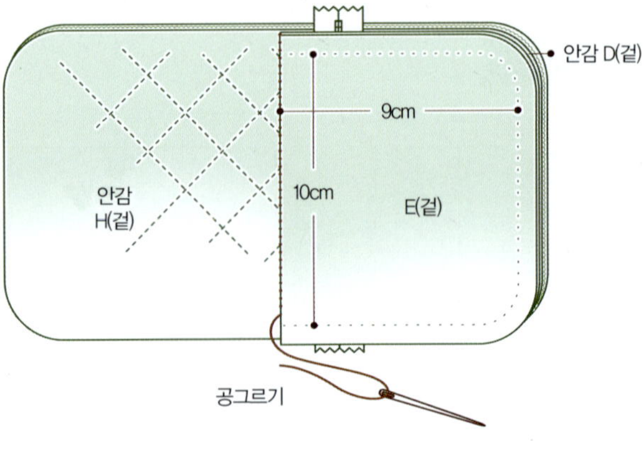

공그르기

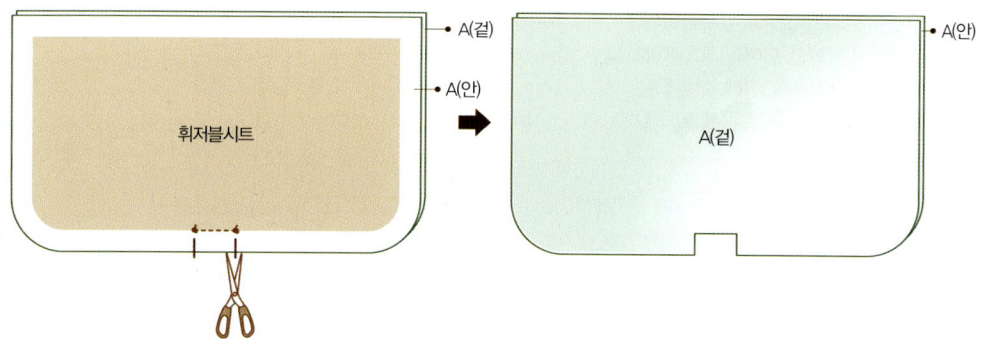

05 지폐 칸 A 안쪽에 휘저블시트를 놓고 종이 위를 다림질하여 붙입니다. A 2장을 겉끼리 만나게 겹쳐 아래쪽 중앙을 2cm 정도 홈질하고, 그림처럼 가위집을 내어 뒤집습니다. 휘저블시트의 종이를 떼고 A의 겉에서 다림질하여 2장을 붙입니다.

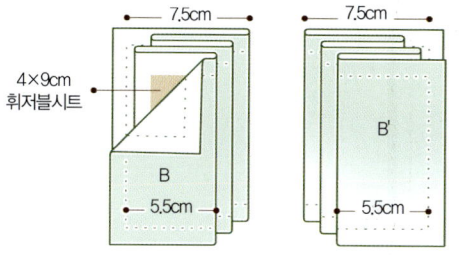

06 카드 칸 안감 B, B' 부분도 접어 안쪽에서 휘저블시트를 붙입니다.

07 지폐 칸 A의 양쪽에 접은 카드 칸 B, B'을 배치하고 위쪽 시접을 5mm로 정리한 후 안감 바이어스를 합니다.

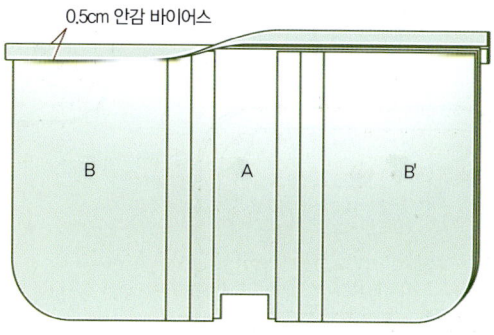

08 카드 칸 안감 부분은 겉감 퀼트 부분보다 작으므로 미리 양 옆선을 시침질하여 고정합니다. 겉감이 크므로 그림처럼 약간 휘어집니다. 지폐 칸 A의 하단 중앙은 미리 바느질해서 뒤집은 부분이므로 바이어스할 때 그곳은 함께 바느질 되지 않고 겉 퀼트 부분만 바이어스됩니다. 지갑을 접었을 때 카드 칸 원단의 구겨짐을 방지합니다. 기성품 반지갑 모양을 떠올려 보세요.

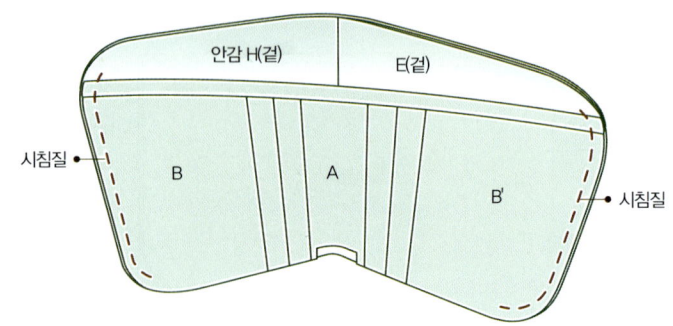

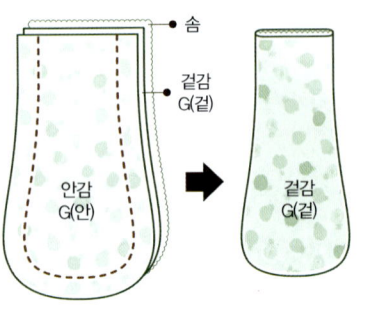

* 시접 쪽 솜은 바느질 후 바짝 잘라낸다.

09 '솜+겉감 겉+안감 겉 만나게' 순서로 겹쳐 둘레를 바느질합니다. 시접의 솜은 바느질 선에 맞춰 바짝 잘라내고 뒤집습니다.

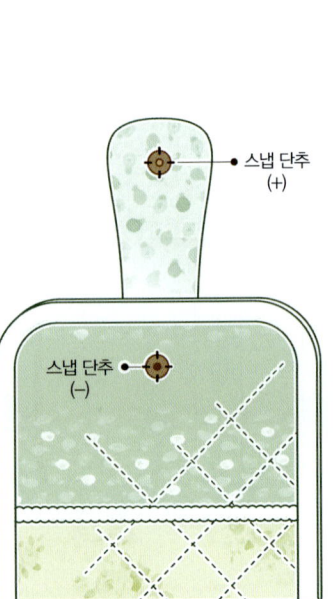

10 가장자리 시접을 7mm로 정리한 후 뒷면에 고리(G)를 끼워서 전체 가장자리에 바이어스를 하여 마무리합니다. 이때 지폐 칸 A 의 미리 마무리한 하단 중앙은 바이어스에 물리지 않습니다.

11 연결 고리 안쪽과 왼쪽 겉감 C의 겉면에 스냅단추를 달면 완성입니다.

 **사보너리 장지갑**

16 사보너리 장지갑

준비하기

앞면 원단 15종(7×7cm), 뒷면 원단(30×20cm), 지퍼 고리 원단(20×10cm), 지퍼 끝 원단(5×5cm), 라벨 원단 1장, 줄무늬 안감(30×20cm), 꽃무늬 안감(110×25cm), 요요 원단(7×7cm), 가방솜(30×30cm), 접착심(30×30cm), 지퍼(25cm) 1개, 지퍼(15cm) 1개, 싸개 똑딱단추(13mm) 1개, 휘저블시트(15×25cm), 가죽용 리넨 실(1m), 빨강 가죽 줄(0.8×18cm) 2줄, 모티브 레이스, 프릴 레이스, 씨드 비즈 등 장식 재료 약간

재단하기

특별한 표기가 없는 부분은 시접 7mm를 남기고 재단합니다.

앞면 A 겉감: 패턴대로 1장씩 15종(조각 연결 시접 7mm, 전체 테두리 시접 1.5cm), **뒷면 B 겉감**: 실물본 1장(시접 1.5cm), **요요 원단**: 실물본 1장(시접 포함), **고리 D**: 실물본 1장(시접 1cm), **지퍼 끝 바이어스**: 3×5cm 1장(시접 포함), **안감 F**: F 실물본 대칭으로 각 1장씩(시접 1cm), 앞판 안감은 꽃무늬, 뒷판 안감은 줄무늬, **동전 칸 안감(꽃무늬)**: 16×17.5cm 1장, **카드 칸 안감(꽃무늬)**: 54×19cm 1장, **뒷판 라벨 원단**: 1장, **앞판 솜**: A 실물본 1장, **뒷판 솜**: B 실물본 1장, **고리 솜**: D 실물본 1장, **휘저블시트**: 카드 칸용으로 2×18.5cm 5장(시접 없음), **접착심**: 대칭으로 F 실물본 2장(시접 없음)

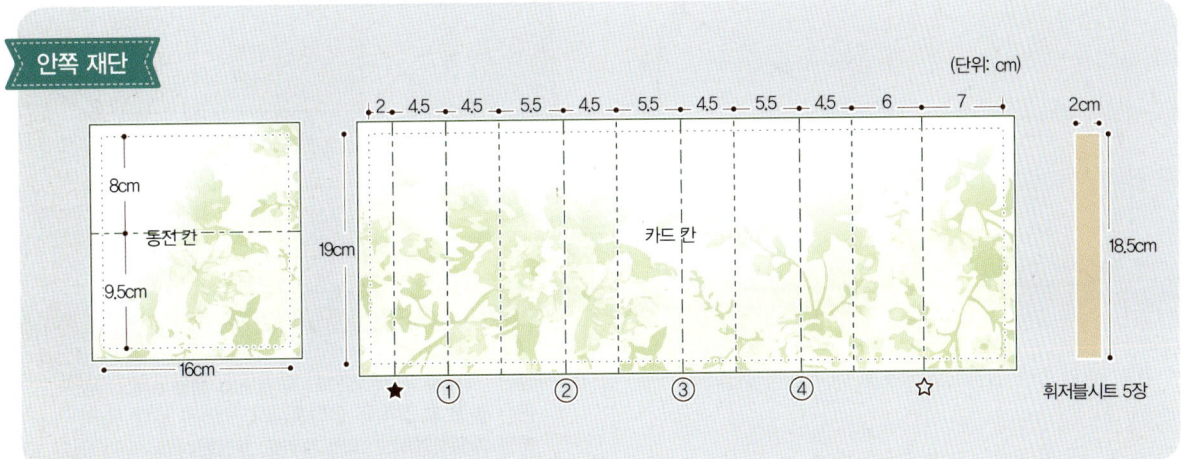

사보너리 장지갑 만들기

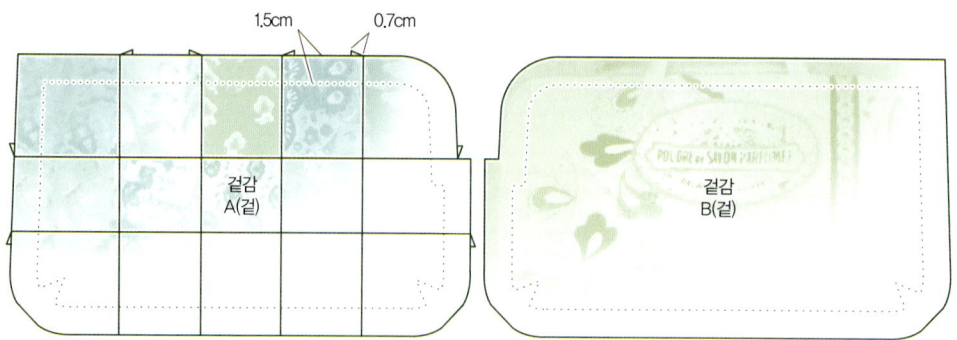

01 앞판 겉감 A는 조각을 패치하고 뒷판 B 겉감은 전체 크기로 준비합니다.

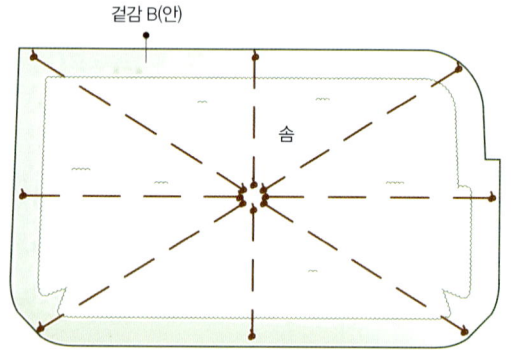

02 앞판, 뒷판 겉감 안쪽에 솜을 대고 시침질합니다.

03 앞판, 뒷판을 각각 패턴의 표기대로 퀼팅하세요. 앞판은 퀼팅 후 장식을 달아줍니다. 뒷면은 퀼팅 후 라벨을 아플리케하고 라벨 주위도 퀼팅합니다.

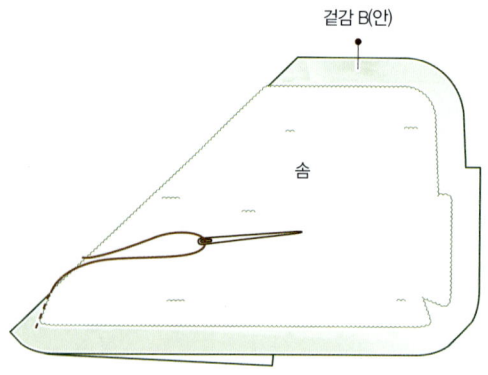

04 앞판과 뒷판의 다트를 각각 바느질합니다.

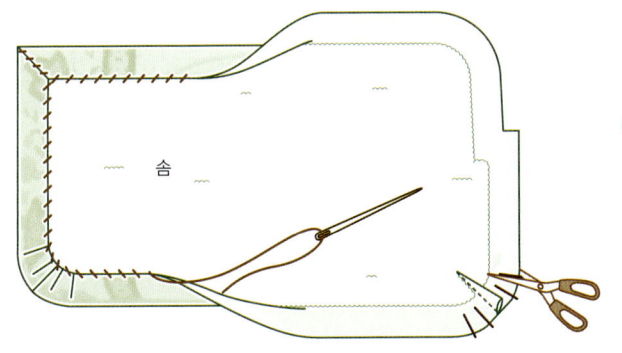

05 시접의 곡선과 오목하게 들어간 곳에 가위집을 주고 시접을 안쪽(솜 쪽)으로 꺾어 감침질로 솜에 붙이세요.

06 앞판과 뒷판을 공그르기로 연결하고 뒤집어 안쪽에서 한 번 더 공그르기합니다.

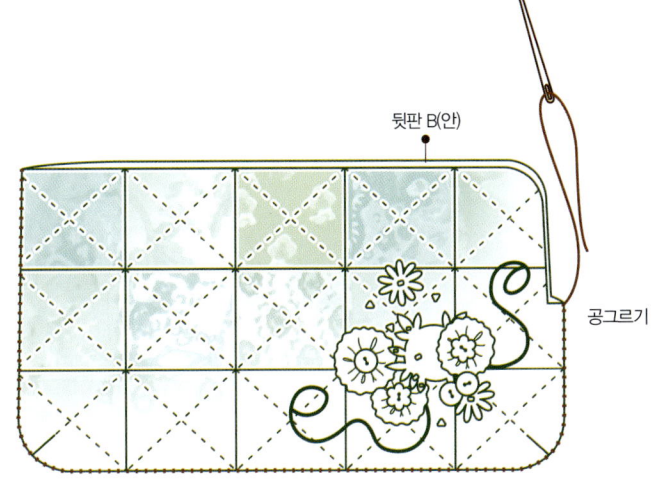

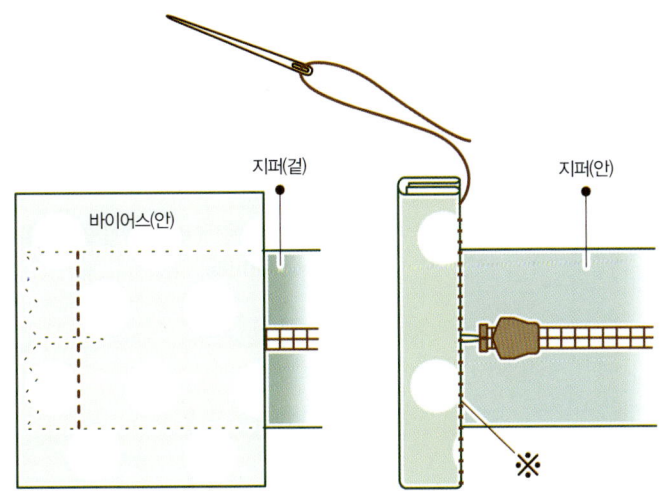

07 지퍼 앞쪽만 스토퍼에 맞춰 바이어스합니다.

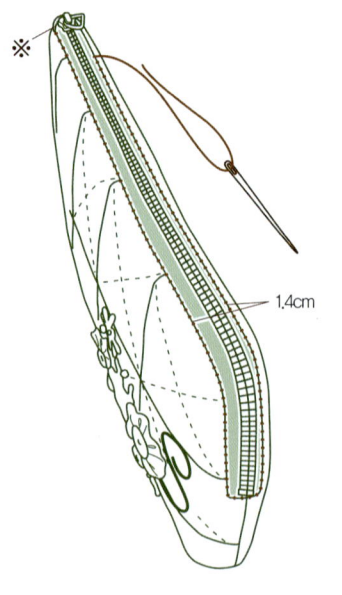

08 지퍼를 겉감에 공그르기로 연결합니다. 지퍼는 약 1.4cm 폭으로 만드세요. ※ 위치와 지퍼 스토퍼 끝의 위치를 맞춰 시침질한 후 바느질합니다. 지갑의 겉면이 완성되었습니다.

09 이제 앞면과 뒷면 안감 F를 만듭니다. 뒷면 안감(줄무늬)에는 동전 칸을 앞면 안감(꽃무늬)에는 카드 칸을 만들어야 합니다.

★ 카드 칸 쪽은 그대로 둡니다.

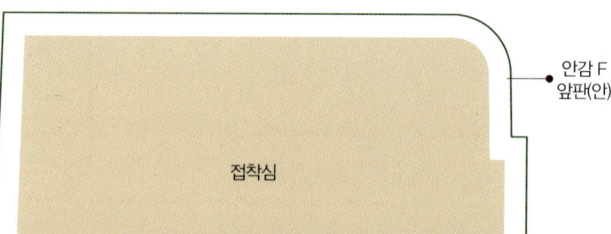

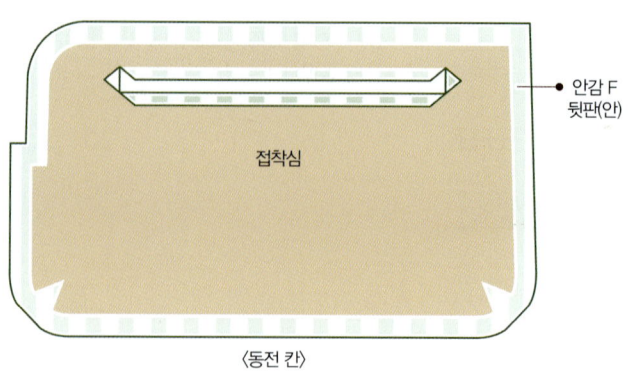

10 먼저 2장의 안감 안쪽에 완성 크기대로 접착심을 붙이세요.

11 뒷면 안감에 지퍼를 공그르기로 그림처럼 바느질합니다.

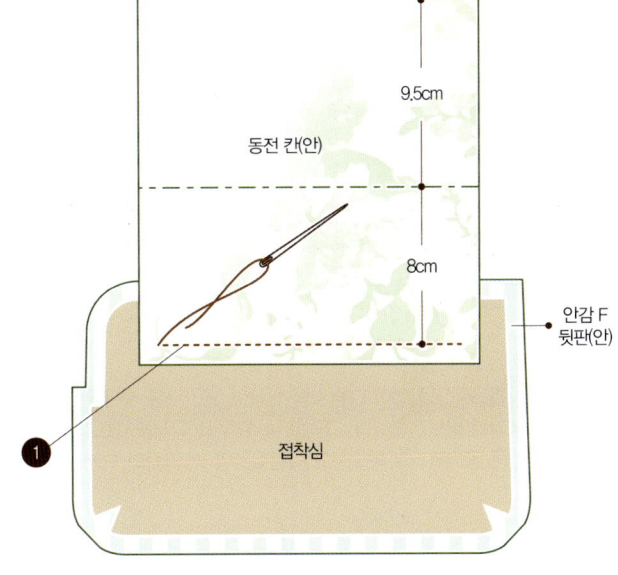

12 앞면 안감은 지퍼의 아래쪽 바느질 선을 살짝 덮게 위치를 맞춰 ①번 선을 따라 바느질하세요.

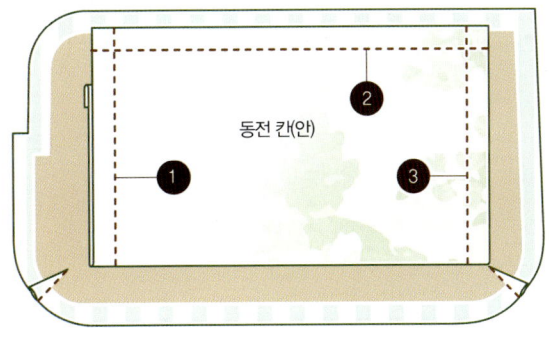

13 지퍼 윗선을 따라 바느질하고(②), 양쪽 옆선도 바느질합니다(③). 바닥의 다트도 바느질하세요.

3 · 다양한 지갑 만들기 109

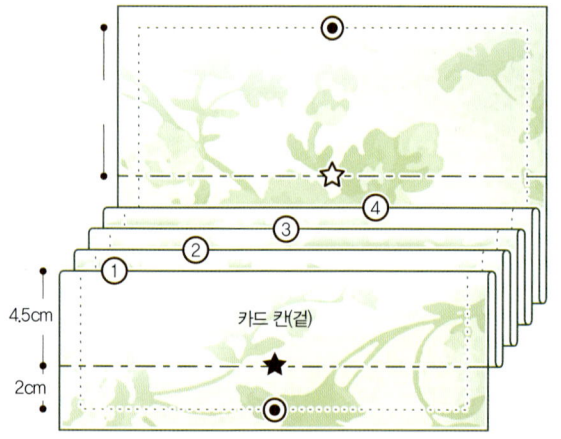

14 카드 칸 안감을 오른쪽 그림처럼 접어서 ①~④, ☆의 위치 안쪽에는 휘저블시트를 붙이세요. ☆ 위치의 휘저블시트는 15번 과정을 마치고 다림질하여 고정합니다.

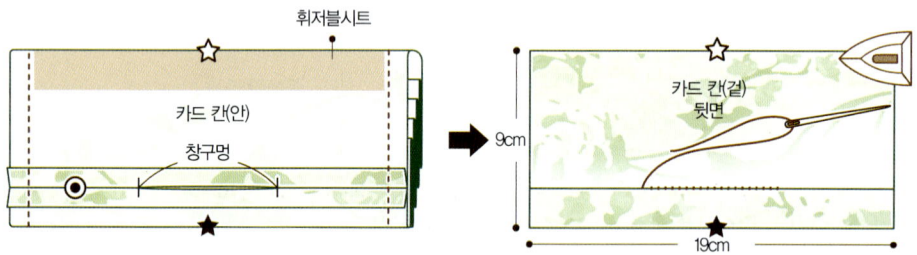

15 ☆과 ★ 선을 접어 그림처럼 안쪽이 보이도록 ⊙ 선을 만나게 하여 창구멍을 남기고 바느질합니다. 그리고 ☆ 위치의 휘저블시트를 떼고 뒤집습니다. 창구멍은 공그르기로 막으시고 다림질하여 ☆ 위치의 휘저블시트를 붙이세요.

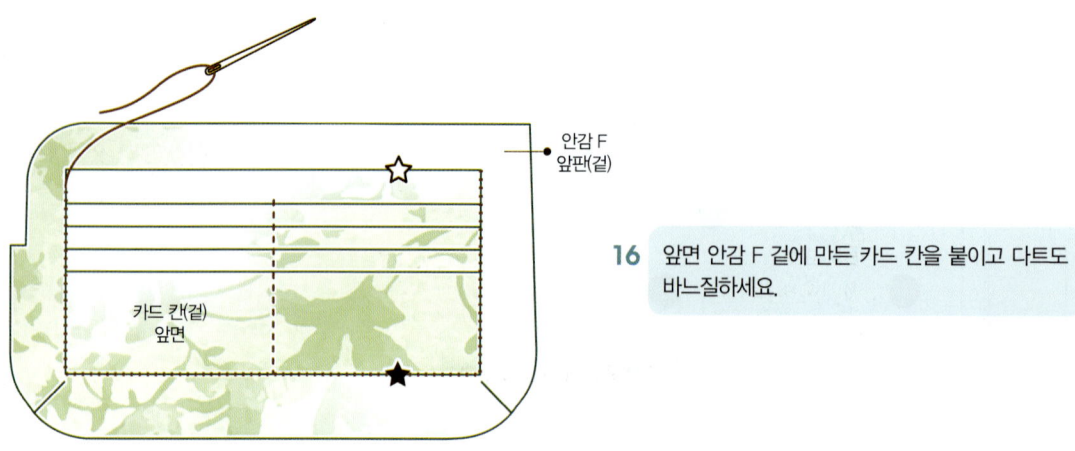

16 앞면 안감 F 겉에 만든 카드 칸을 붙이고 다트도 바느질하세요.

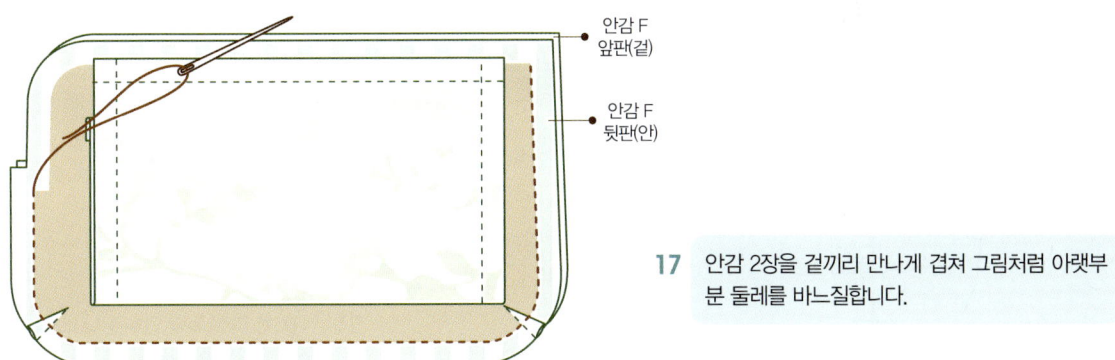

17 안감 2장을 겉끼리 만나게 겹쳐 그림처럼 아랫부분 둘레를 바느질합니다.

18 안감 시접의 곡선, 오목한 부분에 가위집을 주고 시접을 그림처럼 안쪽으로 꺾어 다림질합니다.

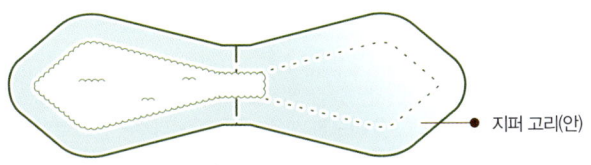

19 고리 겉감 D로 지퍼 고리를 만듭니다. 그림처럼 안쪽에 가방 솜을 D 패턴 반절보다 1cm 정도 크게 재단하여 넣습니다.

20 고리의 시접을 안쪽으로 접어 넣고 반을 접어 지퍼의 D링에 걸어 둘레를 공그르기하세요.

3 · 다양한 지갑 만들기　111

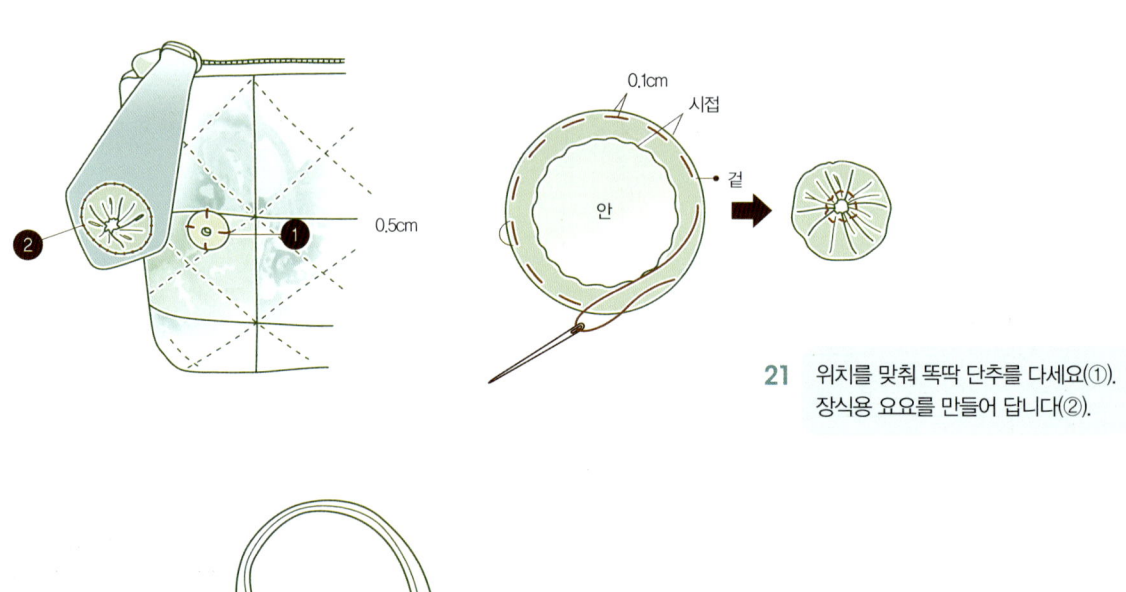

21 위치를 맞춰 똑딱 단추를 다세요(①).
장식용 요요를 만들어 답니다(②).

22 가죽용 리넨실로 가죽 손잡이를 박음
질하여 답니다.

23 만들어둔 안감 전체를 겉감 퀼트 안에 집어 넣고
지퍼의 바느질 선을 살짝 덮는 위치에 공그르기하
여 붙이면 완성입니다.

3 · 다양한 지갑 만들기 113

⑰ 앤과 친구들 카드지갑

난이도 초급 ★
사이즈 12cm×8.5cm

17 앤과 친구들 카드지갑

준비하기
앤 캐릭터 원단(45×30cm), 안감 원단(55×15cm), 바이어스(60×3.5cm), 5온스 솜(25×20cm), 스냅단추(8mm) 1개, 카드 속지 1개

재단하기
특별한 표기가 없는 부분은 시접 7mm를 남기고 재단합니다.
앞면 A 겉감: 실물본 1장, **뒷면 B 겉감**: 실물본 1장, **고리 C 겉감**: 실물본 2장, **안감**: 전체 크기 안감 1장, **안주머니**: 15×12.5cm 2장(시접 포함), **솜**: 전체 크기 1장
★ 기본적으로 플뢰르 카드지갑과 패턴, 방법이 같습니다.

앤과 친구들 카드지갑 만들기

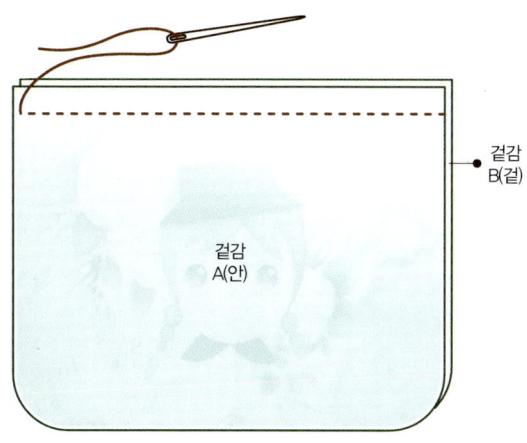

01 앞면 겉감 A와 뒷면 겉감 B를 연결합니다. 이때 그림 방향에 주의하세요. 연결 후 시접은 가름솔합니다.

02 1번에서 완성한 겉면 'A+B, 솜, 안감'을 순서대로 겹쳐 시침 후 퀼팅합니다(퀼팅은 패턴 표시대로).

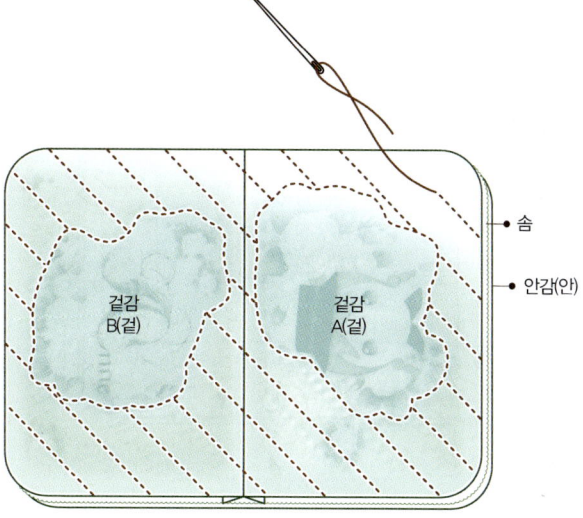

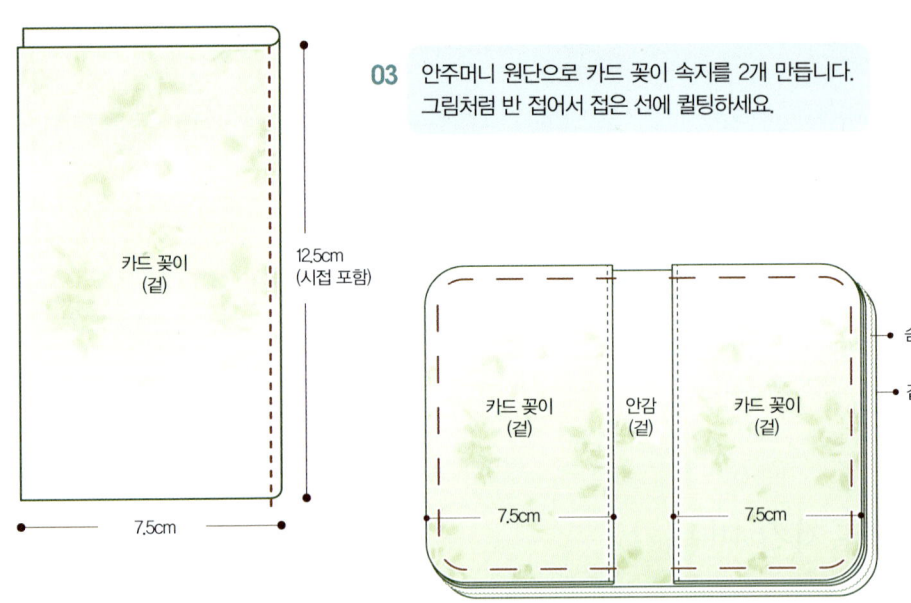

03 안주머니 원단으로 카드 꽂이 속지를 2개 만듭니다. 그림처럼 반 접어서 접은 선에 퀼팅하세요.

04 완성된 카드 속지 꽂이를 안쪽에 배치한 후 시침질합니다 (완성선을 잘 맞춰서 시침질하세요). 완성선 바깥쪽으로 시접 7mm를 남기고 여분의 시접은 잘라 정리합니다.

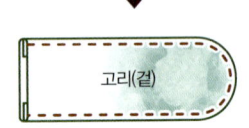

05 고리를 만듭니다. 고리 C 원단 2장을 겉끼리 만나게 겹쳐 그림처럼 둘레를 바느질한 후 뒤집으세요. 뒤집은 후 겉쪽에서 가장자리를 홈질하여 눌러줍니다.

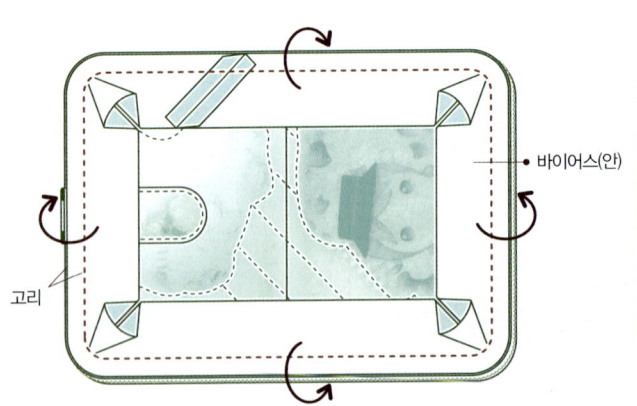
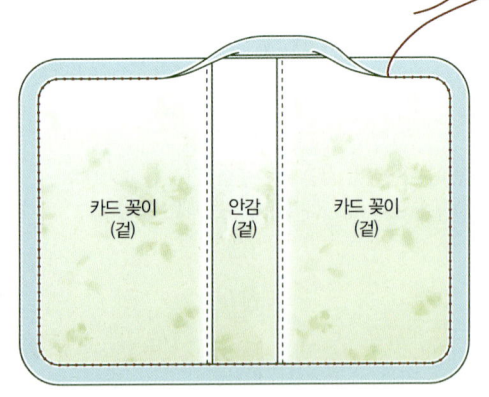

06 뒷판 쪽에 고리를 끼워 바이어스합니다.

07 바이어스를 공그르기한 후 스냅단추에 고리를 달면 완성입니다.

PART 4

쓰임새 좋은 파우치 만들기

주머니, 지갑, 케이스 등 여러 가지 형태의 파우치를 만드는 과정을 실물사진과 일러스트로 소개합니다.

⑱ 라벨르 사각 파우치

난이도 초급 ★★
사이즈 15×8.5cm, 높이 8.5cm

18 라벨르 사각 파우치

준비하기
뚜껑 헥사곤 14종(10×5cm), 바탕 원단(35×30cm), 리넨 무지 원단(15×15cm), 안감(40×40cm), 리크랙 30cm, 갈색, 분홍, 연두 수실 각 3마씩, 150번 직각 프레임, 가방솜(40×40cm)

재단하기
특별한 표기가 없는 부분은 시접 7mm를 남기고 재단합니다.
뚜껑 A 겉감: 헥사곤 14종 26장, **뒷면+바닥 B 겉감**: 실물본 1장, **앞면 C 겉감**: 실물본 1장, **옆면 D, E 겉감**: 실물본 1장씩, **안감**: A+B 전체 크기 실물본 1장, **옆판 안감**: D+C+E 전체 크기 실물본 1장, **뚜껑, 바닥솜**: A+B 실물본 1장, **옆판 솜**: D+C+E 실물본 1장
★ 헥사곤 실물본은 복사하여 잘라서 종이본(페이퍼 라이너)으로 활용하세요.

라벨르 사각 파우치 만들기

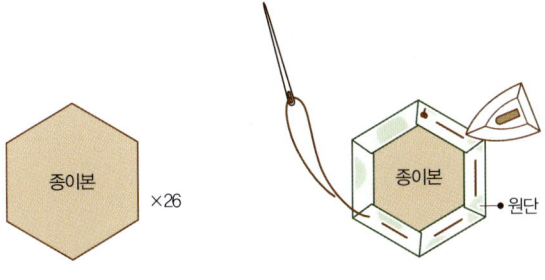

01 헥사곤 종이본 26장을 만드세요. 원단에 시접을 남기고 재단합니다. 그 후 안쪽에 헥사곤 종이본을 넣고 헥사곤 모양으로 시접을 접어 넣어 시침질하고 헥사곤 모양을 잡기 위해 다림질하세요. 26개의 헥사곤을 안쪽에서 감침질하여 연결합니다. 패치 모양은 실물본을 참조하세요. 헥사곤 패치가 완성되면 종이본과 시침질한 것을 모두 빼세요.

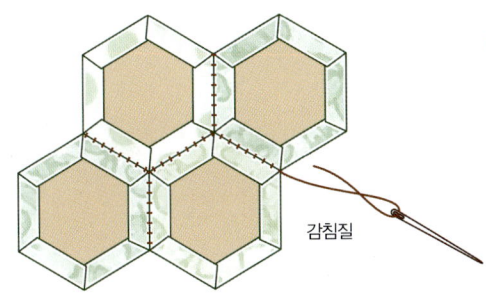

02 헥사곤 뚜껑과 뒷면, 바닥 B를 연결합니다.

03 '전체 겉감 겉+안감 겉 만나게+솜' 순서대로 겹쳐 창구멍을 남긴 채 둘레를 바느질합니다.

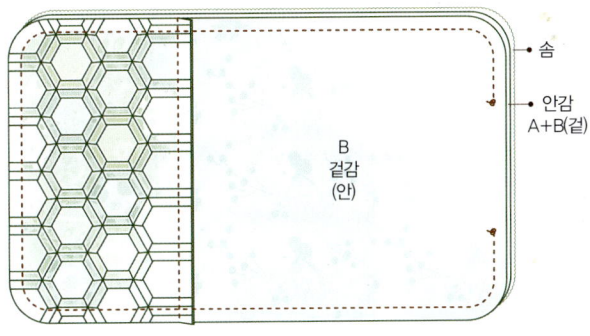

04 시접의 솜만 바느질 선에 맞춰 바짝 자른 후 뒤집어서 창 구멍을 공그르기로 막고 실물 패턴 표시대로 퀼팅합니다.

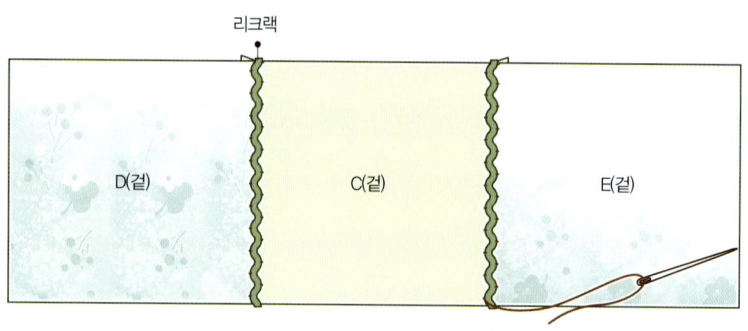

05 앞면 C, 왼쪽 옆면 겉감 D, 오른쪽 옆면 겉감 E를 연결하고, 연결 부분에 리크랙을 바느질하여 다세요.

06 완성된 옆면 겉감 안쪽에 솜을 대고 움직이지 않도록 시침 질한 후 자수를 놓으세요.
  ★ 영문 스티치 방법(수실 두 줄)
  ★ 꽃 스티치 방법(수실 여섯 줄)
  ★ 잎사귀 스티치 방법(수실 세 줄)

07 완성된 옆판 겉감 겉에 안감 겉이 만나게 겹쳐서 창구멍을 남긴 채 둘레를 바느질합니다. 시접의 솜만 바느질 선에 맞춰 바짝 자른 후 뒤집어서 창구멍은 공그르기로 막고 퀼팅합니다.

08 옆판과 뒷판의 옆선을 공그르기로 연결합니다.

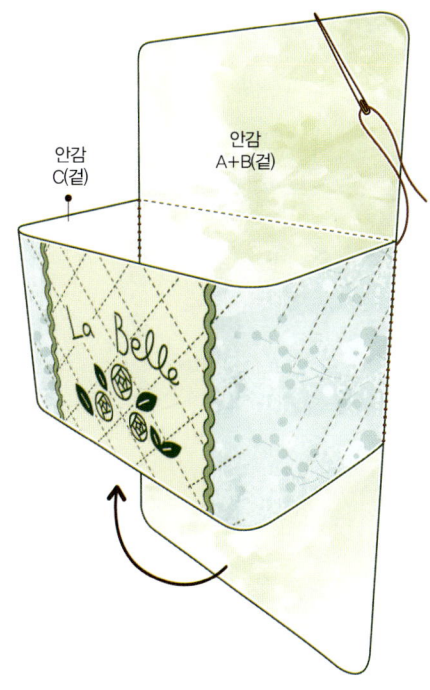

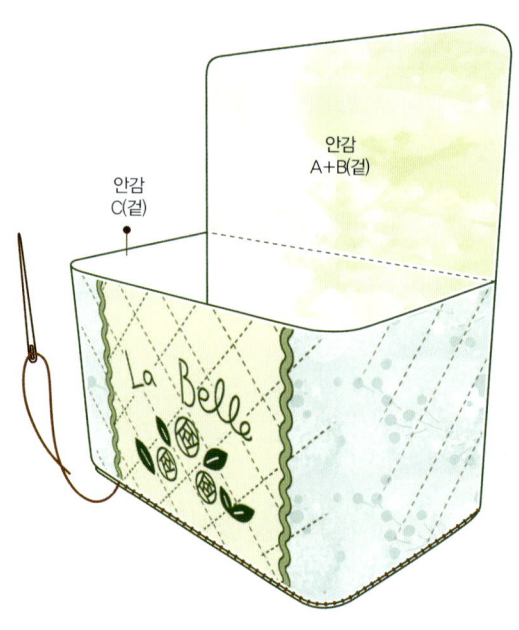

09 옆선을 연결한 후 바닥도 공그르기로 연결합니다.

10 뒤집어서 안감 쪽에서도 다시 한 번 튼튼하게 공그르기하세요.

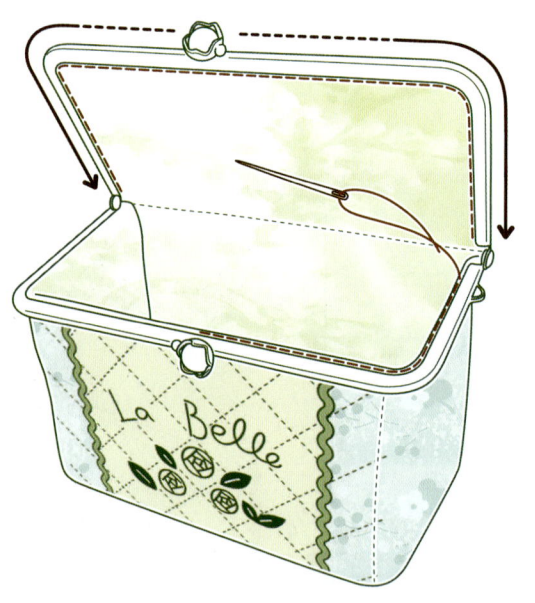

11 입구 부분에 프레임을 달면 완성입니다. 바느질 방향은 중심부터 시작해서 양쪽으로 바느질합니다. 위 뚜껑에 먼저 프레임을 달고 아래쪽을 나중에 연결하세요.

⑲ 로제 파우치

난이도 초급 ★★
사이즈 23×10cm

19 로제 파우치

준비하기
앞판 원단(35×10cm) 6종, 옆판 원단(25×20cm), 지퍼 손잡이(30×10cm), 안감 원단(40×40cm), 바이어스(45×3.5cm), 5온스 솜 (40×40cm), 레이스 2종 35cm씩, 지퍼(20cm) 1개

재단하기
특별한 표기가 없는 부분은 시접 7mm를 남기고 재단합니다.
앞판 패치 겉감: 실물본 1장씩, **옆판 겉감:** 실물본 2장, **지퍼 고리:** 실물본 4장, **본체 안감:** 본체 전체 크기로 1장, **옆판 안감:** 옆판 실물본 2장, **솜:** 본체 전체 크기로 1장, **옆판 솜:** 옆판 실물본 2장, **지퍼 고리 솜:** 고리 실물본 2장

로제 파우치 만들기

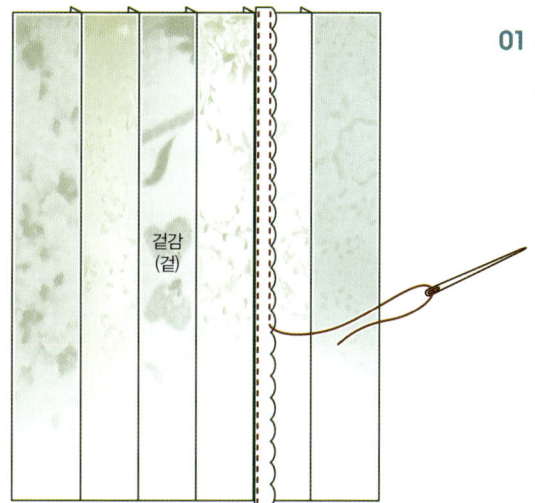

01 앞판 겉감 6장을 실물본대로 연결합니다. 패치 연결 후 레이스를 다세요.

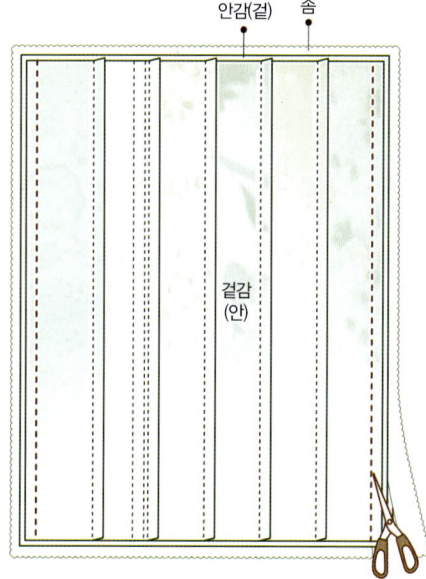

02 앞판(겉감 겉+안감 겉 만나게), 솜의 순서대로 겹치고 양 옆선만 바느질하세요. 옆선의 시접 솜만 바느질 선에 맞춰 바짝 자르세요.

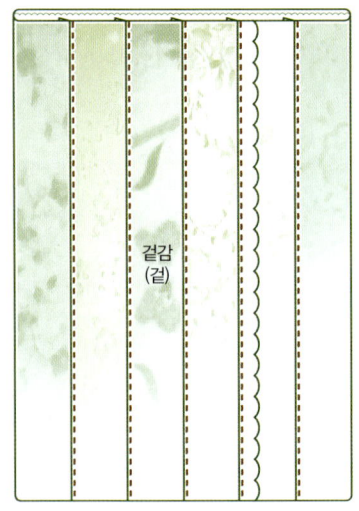

03 뒤집어서 시침질 후 퀼팅하세요.

04 앞판, 뒷판에 맞주름을 잡고 시접에 바느질로 주름을 고정합니다.

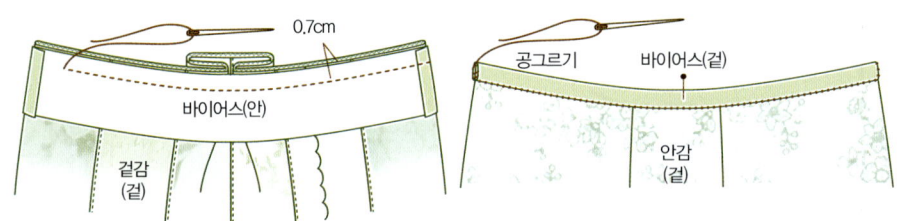

05 양쪽 입구에 각각 바이어스를 합니다. 바이어스 양끝 시접은 접어 넣고 공그르기합니다.

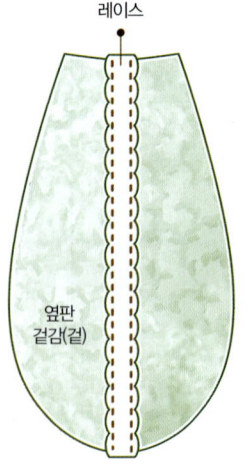

06 옆판 겉감에 레이스를 다세요.

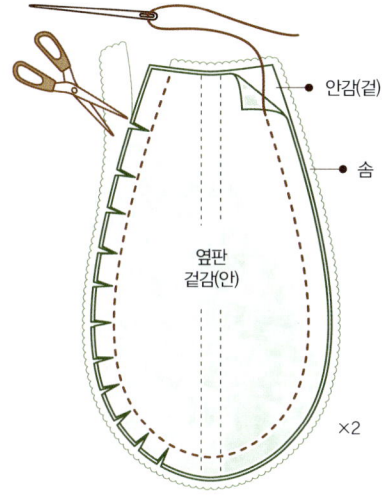

07 '옆판(겉감 겉+안감 겉 만나게)+솜' 순서대로 겹쳐 위쪽에 창구멍을 남기고 둘레를 바느질합니다.

08 곡선 부분 시접에 가위집을 주고 시접의 솜은 바느질 선에 맞춰 바짝 자릅니다. 뒤집어서 창구멍은 공그르기로 막으세요.

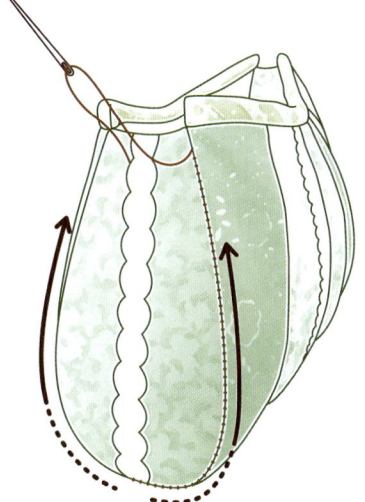

09 옆판과 본체에 중심선을 표시하고 중심부터 양쪽으로 공그르기합니다.

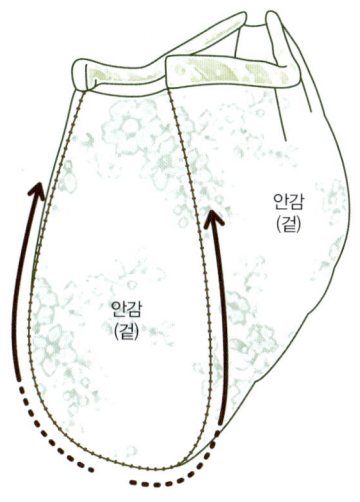

10 뒤집어서 안쪽에서도 공그르기하여 튼튼하게 연결합니다.

11 입구에 지퍼를 다세요.

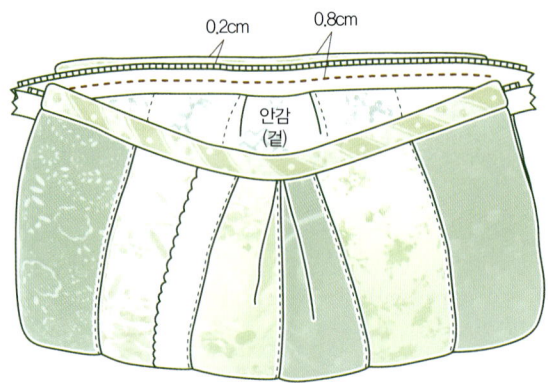

12 지퍼 손잡이를 옆판과 같은 방법으로 만드세요(2개).

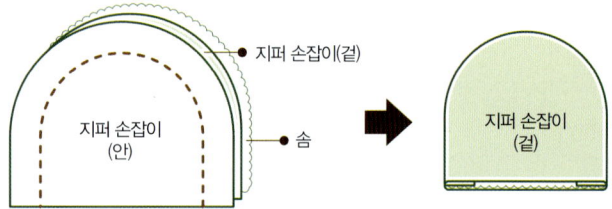

13 지퍼에 지퍼 손잡이를 끼워서 시접을 접어 넣고 공그르기로 연결하면 완성입니다

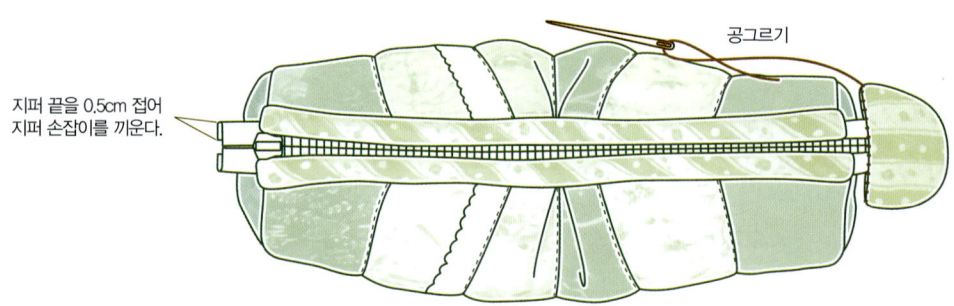

⑳ 리버티 쏘잉박스

난이도 중급 ★★★
사이즈 20×9cm

20 리버티 쏘잉박스

준비하기

리넨 무지 원단(25×15cm), 연두 무지 원단(30×20cm), 리버티 원단 8종(10×10cm), 바닥 원단(25×15cm), 레터링 원단(40×10cm), 리버티 바이어스(60×3.5cm), 연두 무지 바이어스(60×3.5cm), 안감 원단(55×20cm), 지퍼(25cm) 2개, 가방솜(30×25cm), 2온스 접착솜(10×10cm), 레이스(110cm), 가죽 끈(11.5×1.2cm) 1개, 금장 리벳(6mm) 2set, 수실 3011번, 3348번, 321번, 760번, 841번 각 2마씩

재단하기

특별한 표기가 없는 부분은 시접 7mm를 남기고 재단합니다.

뚜껑 겉감 A(리넨 무지): 실물본 1장, **B**(연두 무지): 실물본 16장, **B'**(연두 무지): 실물본 16장(B와 대칭), **C**(리버티 원단): 실물본 2장씩 8종 총 16장, **E**(레터링 원단): 실물본 8장, **바닥 D 겉감**: 실물본 1장, **연결 부위 H 겉감**(연두 무지): 2×5cm 1장, **뚜껑 A 안감**: 실물본 1장, **바닥 D 안감**: 실물본 1장, **옆판 안감**: 48×6cm 1장, **연결 부위 H 안감**: 4×5cm 1장, **뚜껑 솜(가방솜)**: A 실물본 1장, **옆판 솜(가방솜)**: 48×6cm 1장, **바닥 솜(가방솜)**: D 실물본 1장, **연결 부위 H용 솜**(2온스 접착솜): 2×5cm 1장(시접 없음)

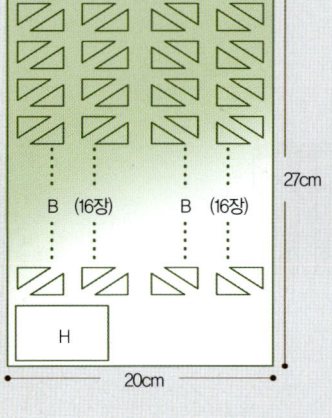

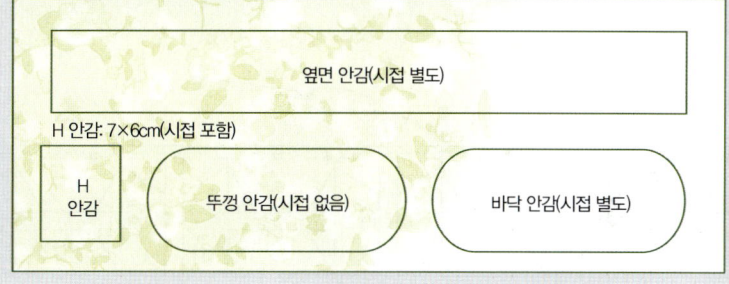

리버티 쏘잉박스 만들기

01 옆판 패치를 먼저 연결합니다. 그림처럼 8개의 블록을 만들어 한 줄로 연결하세요.

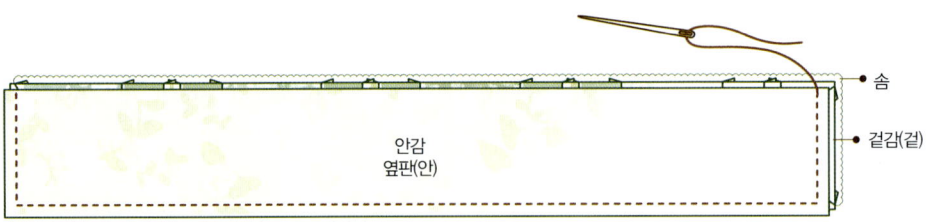

02 '옆판(겉감 겉+안감 겉 만나게)+솜'의 순서대로 겹쳐 윗면을 제외한 세 면을 바느질합니다. 둘레를 바느질한 후 시접의 솜만 바느질 선에 맞춰 바짝 자르세요.

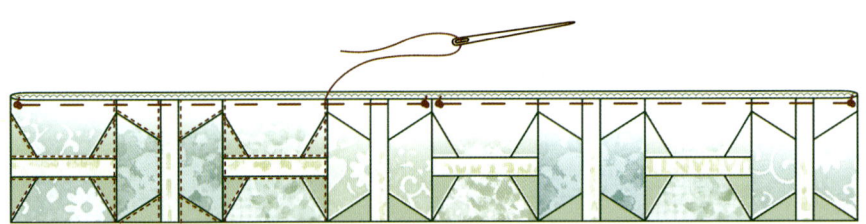

03 뒤집어서 먼저 그림처럼 윗선에 시침질하고 다른 부분도 시침질한 후 퀼팅하세요.

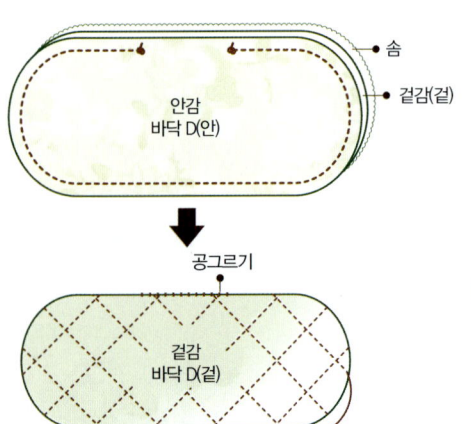

04 바닥을 만듭니다. '바닥(안감 겉+겉감 겉 만나게)+솜' 순서대로 겹쳐 창구멍을 남기고 둘레를 바느질합니다. 시접의 솜만 바느질 선에 맞춰 바짝 자르세요. 시접에 가위집을 준 후 뒤집어서 창구멍은 공그르기로 막고 살짝 다림질한 후 시침질하고 퀼팅하세요.

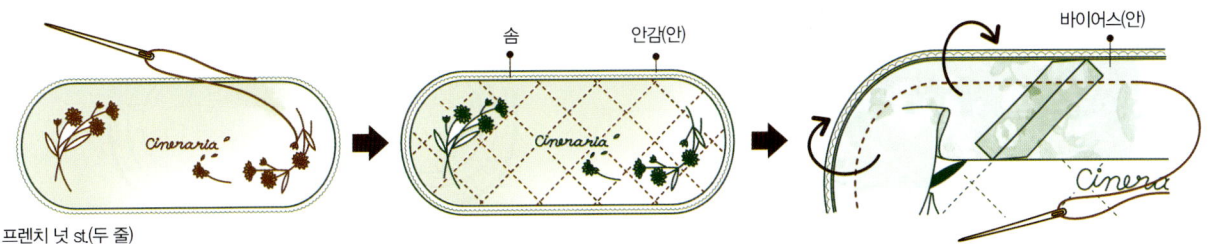

프렌치 넛 st.(두 줄)

05 뚜껑을 만듭니다. 뚜껑은 만드는 법이 바닥과 다르니 주의하세요. 리넨에 솜만 대고 시침질한 후 수를 놓습니다. 이때 사방 시접을 넉넉히 남기세요. 수를 놓은 후 뒷면에 안감을 대고, 시침질한 후 퀼팅합니다. 뚜껑 완성선을 다시 한 번 그려서 크기를 보정한 후 완성선에 맞춰 시접 없이 재단한 후 바이어스하세요.

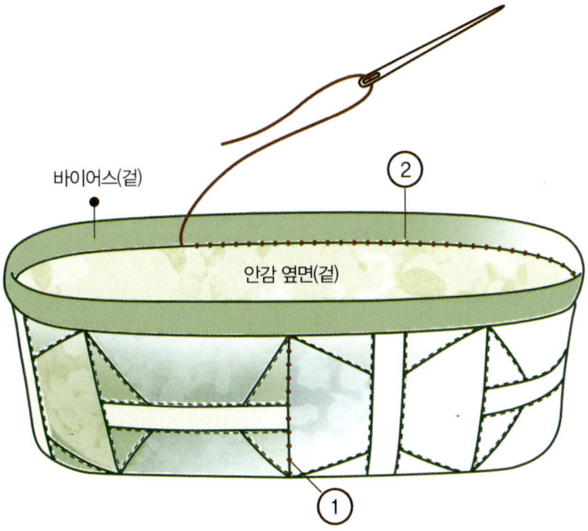

06 이제 조립을 합니다.
① 완성된 옆판을 원통형으로 연결합니다.
② 옆판 입구를 연두 무지로 바이어스하세요.

07 완성된 바닥을 옆판에 연결합니다. 먼저 시침 핀으로 위치를 맞춘 후 공그르기로 연결합니다. 안쪽에서 한 번 더 공그르기하세요.

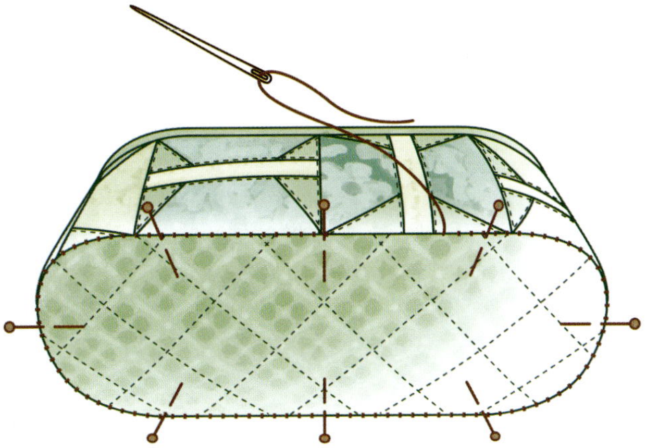

4 · 쓰임새 좋은 파우치 만들기 135

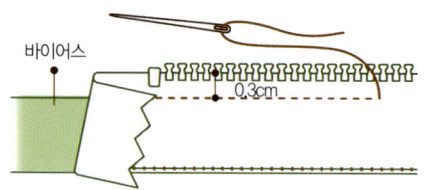

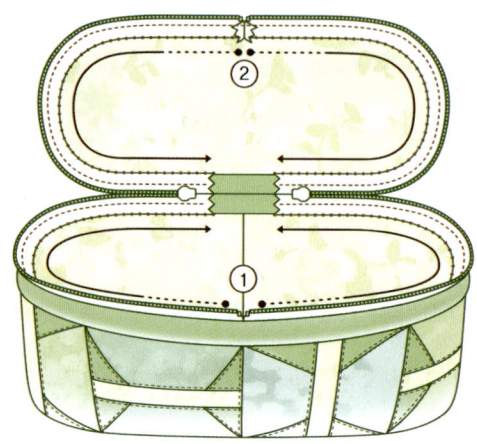

08 지퍼를 다세요. 앞의 중심에서 시작하여 뒤의 중심까지 바느질합니다. 지퍼의 남은 여분은 뒤쪽에서 자르세요. 옆판 쪽에 먼저 달고 뚜껑 쪽을 나중에 달아줍니다.

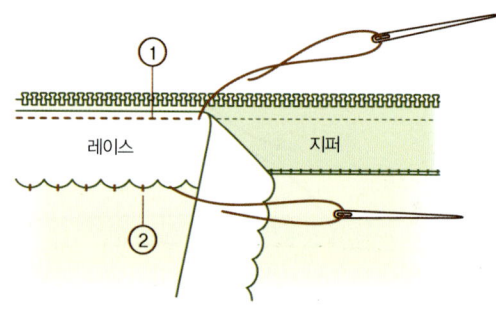

09 레이스로 지퍼 시접을 가립니다. 지퍼 바느질 선을 살짝 덮어 바느질합니다(①). 나풀거리는 끝을 한 땀씩 떠서 바탕에 고정합니다(②).

10 뒤쪽 지퍼의 잘린 끝을 H로 덮어 마무리합니다. 겉쪽은 옆판 바이어스와 지퍼를 감싸서 바느질하고 안쪽은 위, 아래 레이스까지 모두 감싸서 바느질합니다.
  ★ 겉감용은 안쪽에 2온스 접착솜을 붙입니다(솜은 시접 없음).
  ★ 안감용은 안감 원단만 사이즈대로 준비합니다.

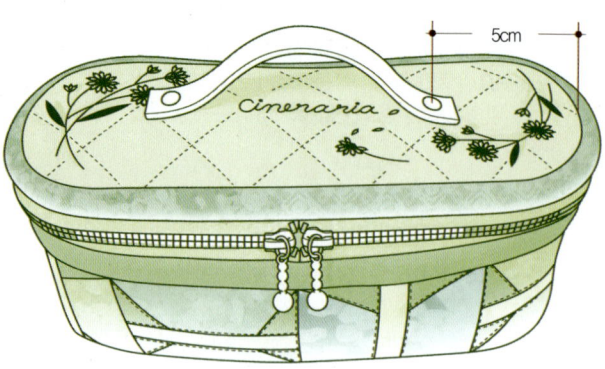

11 뚜껑에 가죽 끈을 리벳으로 고정하면 완성입니다.
  ★ 바이어스 안쪽에서 리벳 중심까지 5cm입니다.

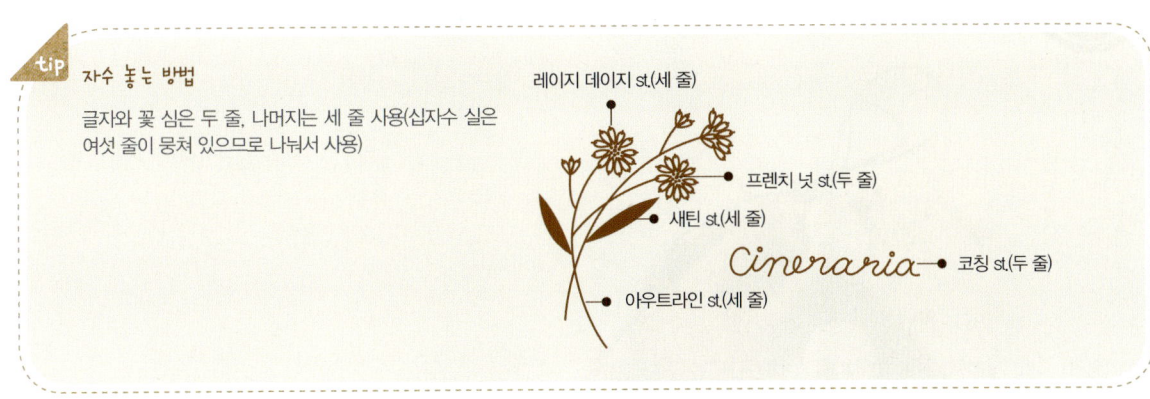

tip

자수 놓는 방법

글자와 꽃 심은 두 줄, 나머지는 세 줄 사용(십자수 실은 여섯 줄이 뭉쳐 있으므로 나눠서 사용)

레이지 데이지 st.(세 줄)
프렌치 넛 st.(두 줄)
새틴 st.(세 줄)
Cineraria
코칭 st.(두 줄)
아우트라인 st.(세 줄)

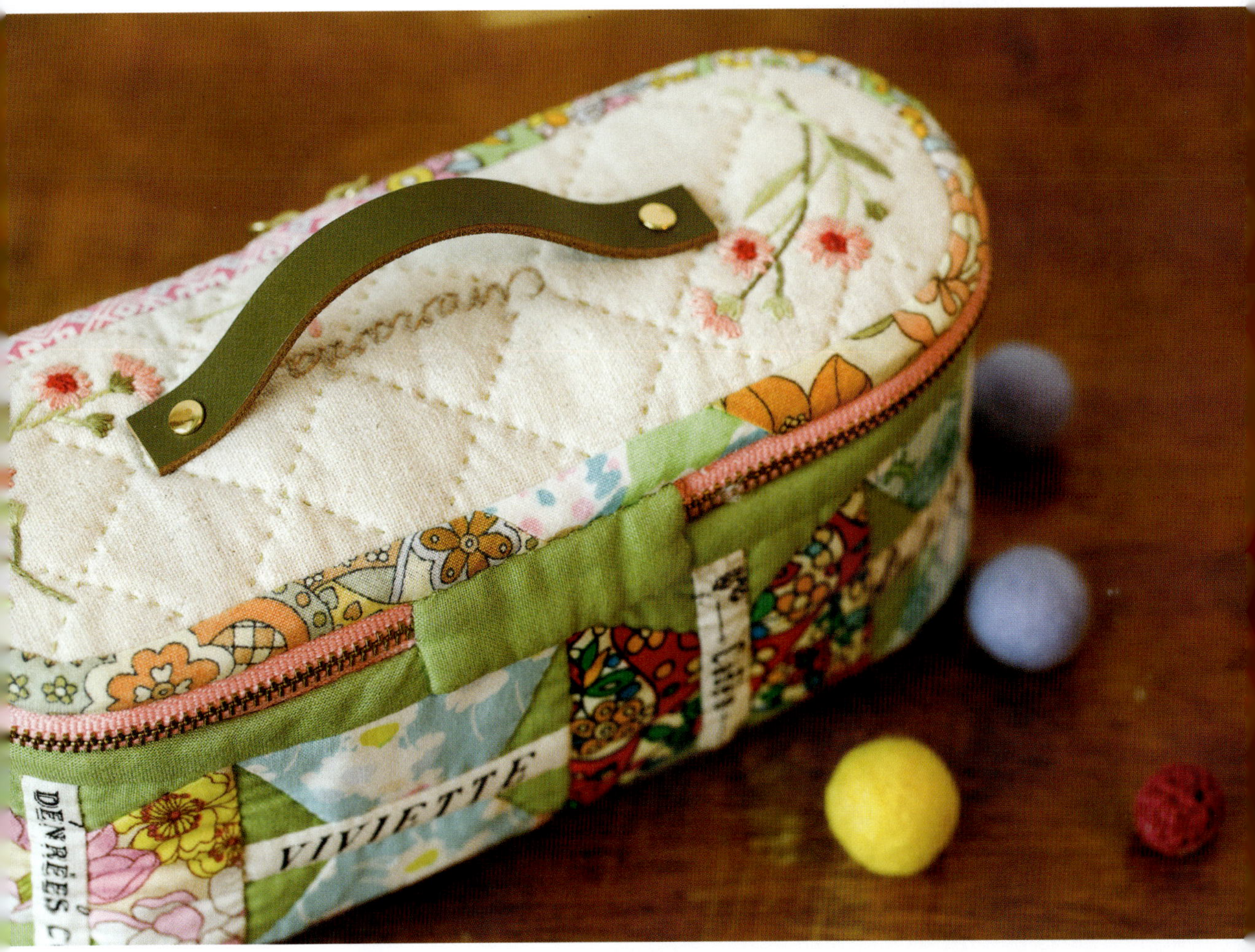
DENRÉES C
VIVIETTE

㉑ 마끼 파우치

난이도 초급 ★
사이즈 11×11cm, 높이 13cm

21 마끼 파우치

준비하기

본체 원단 4종(35×15cm), 입구 통로 원단(55×10cm), 튤립 원단(25×10cm), 안감 원단(30×45cm), 폭 1.2mm짜리 면끈 (160cm), 4.5온스 접착솜(45×45cm), 방울솜 약간

재단하기

특별한 표기가 없는 부분은 시접 7mm를 남기고 재단합니다.
본체 A 겉감: 실물본 4장, **입구 통로 B 겉감:** 실물본 2장, **튤립 장식:** 실물본 2장(시접 포함), **안감:** 실물본 1장, **본체 솜:** A 실물본 4장(시접 없음)

마끼 파우치 만들기

01 본체 겉감 A 4장의 안쪽에 접착솜을 다림질하여 붙입니다.

02 솜을 붙인 본체 겉감 A에 퀼팅을 하세요.

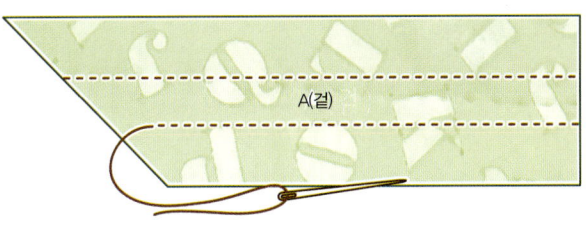

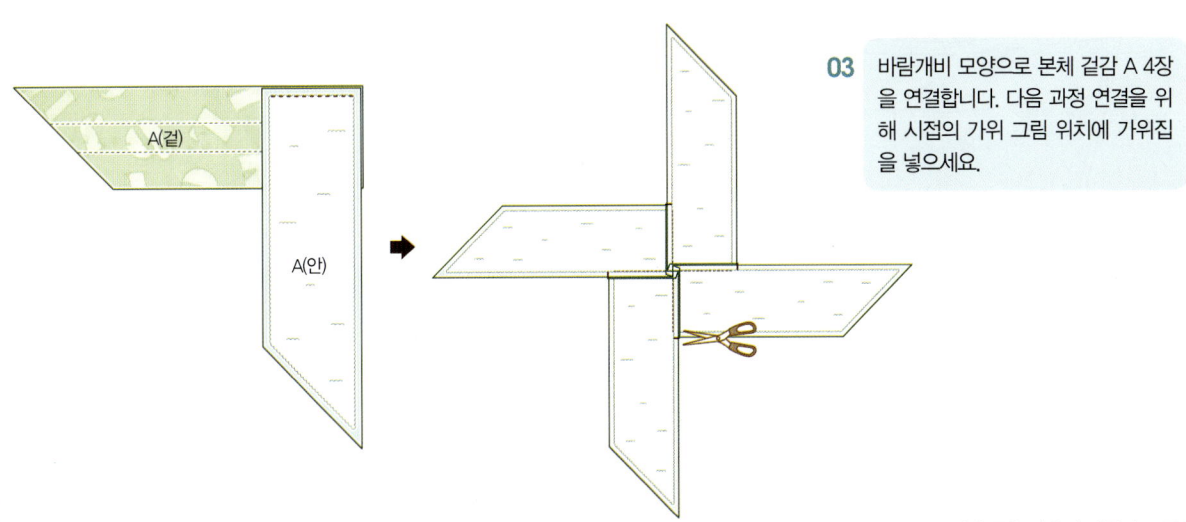

03 바람개비 모양으로 본체 겉감 A 4장을 연결합니다. 다음 과정 연결을 위해 시접의 가위 그림 위치에 가위집을 넣으세요.

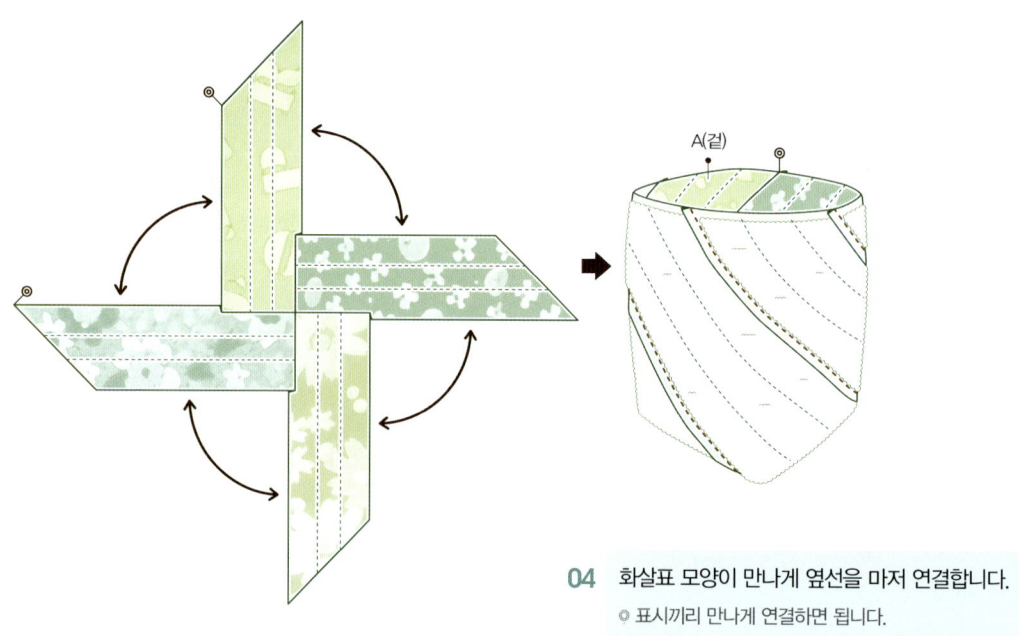

04 화살표 모양이 만나게 옆선을 마저 연결합니다.
　◎ 표시끼리 만나게 연결하면 됩니다.

05 입구 통로 B의 양옆 시접을 접어 넣고 바느질합니다. 길이를 반으로 접으세요.

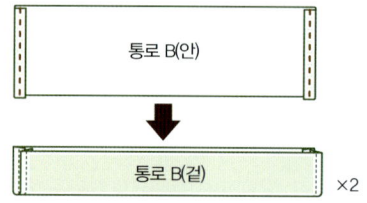

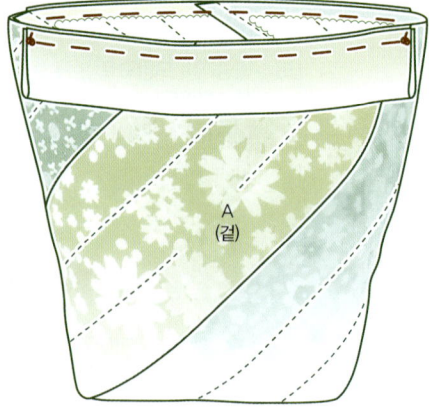

06 완성된 통로를 오른쪽 그림처럼 2장을 각각 대칭되는 위치에 입구 겉의 시접에 바느질하세요. 몸체보다 통로가 짧은 것이 맞습니다.

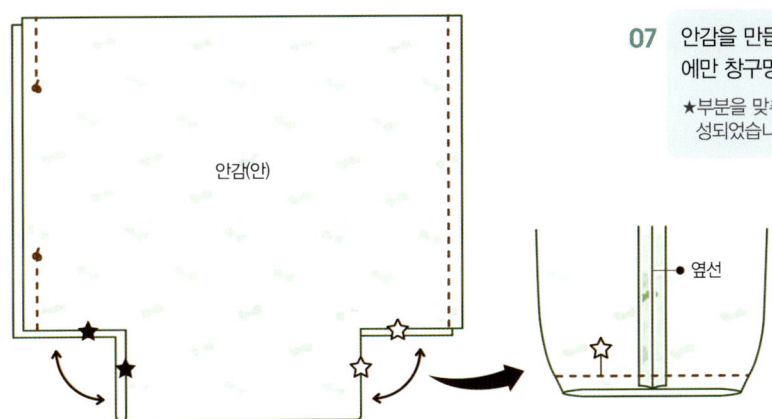

07 안감을 만듭니다. 양 옆선을 바느질하면서 한쪽 옆선에만 창구멍을 남깁니다.

★부분을 맞춰 바느질하여 양쪽 바닥을 만드세요. 안감이 완성되었습니다.

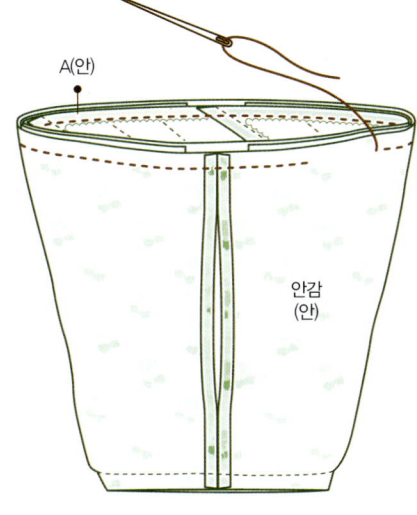

08 만들어둔 겉 퀼트를 안감 안에 집어 넣으세요. 겉감 겉과 안감 겉이 만나야 합니다. 입구 완성선을 맞춰 핀을 꽂은 후 그림처럼 빙 돌아가면서 입구 전체를 바느질하세요.

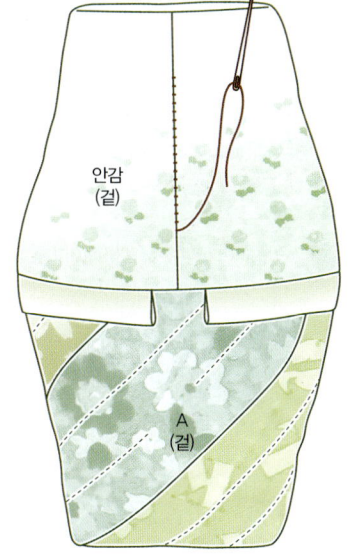

09 안감 옆선의 창구멍으로 뒤집으세요. 뒤집은 후 창구멍은 공그르기로 막습니다.

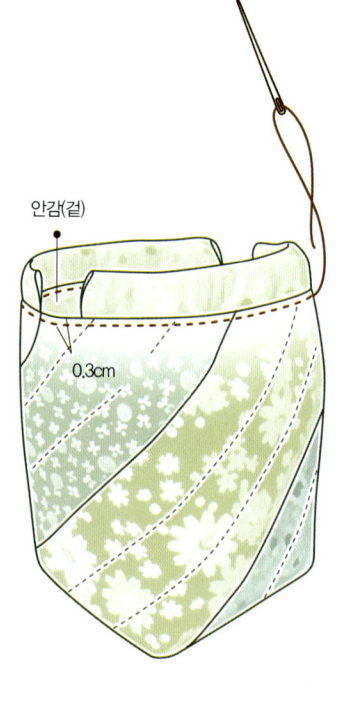

10 안감은 안으로 집어 넣어 모양을 잡고 입구에서 3mm 아래에 홈질하여 안감이 들뜨지 않게 하세요.

11 면끈을 반으로 잘라서 두 줄을 각각 다른 통로 쪽으로 통과시키세요. 끈 끝에 튤립을 달면 완성입니다.

tip 튤립 만들기

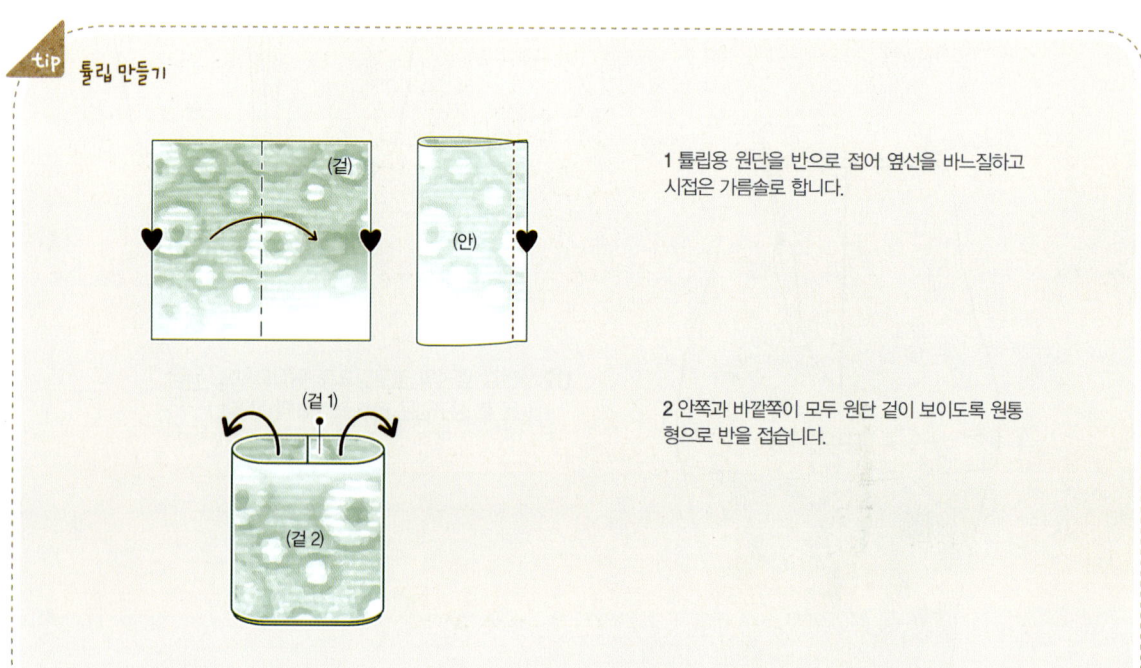

1 튤립용 원단을 반으로 접어 옆선을 바느질하고 시접은 가름솔로 합니다.

2 안쪽과 바깥쪽이 모두 원단 겉이 보이도록 원통형으로 반을 접습니다.

3 끈 끝에 끼워 바느질합니다.

4 솜을 적당히 넣고 중심에서 네 군데를 고정하면 튤립이 완성됩니다.

㉒ 반달 패치 파우치

난이도 중급 ★★★
사이즈 22×9cm

22 반달 패치 파우치

준비하기
리넨 무지 원단(70×25cm), 피드색 원단 20종(6×6cm), 요요 원단 3종(10×10cm), 안감 원단(55×40cm), 바이어스(180×3.5cm), 레이스 2종 30cm씩, 자개단추 3개, 지퍼(20cm) 2개, 리넨 라벨 1개, 가방솜(55×40cm)

재단하기
특별한 표기가 없는 부분은 시접 7mm를 남기고 재단합니다.
뚜껑+뒷면 겉감A: 실물본 1장, **옆판 B 겉감**: 실물본 20장, **바닥 C 겉감**: 실물본 1장, **손잡이 D**: 실물본 1장, **요요 큰 것**: 실물본 1장(시접 포함), **요요 작은 것**: 실물본 2장(시접 포함), **뚜껑+뒷면 안감**: A 실물본 1장, **옆판 안감**: 40×8cm 1장, **바닥 안감**: C 실물본 1장, **뚜껑+뒷면 솜**: A 실물본 1장, **옆판 솜**: 40×8cm 1장, **바닥 솜**: C 실물본 1장

반달 패치 파우치 만들기

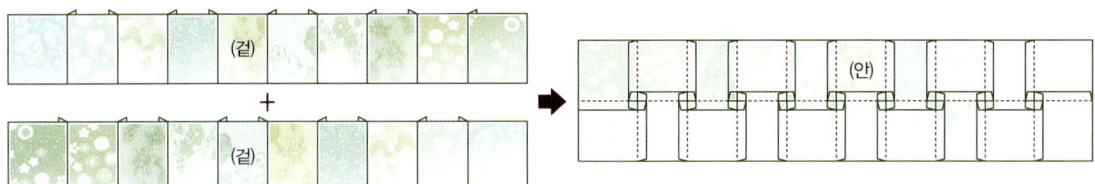

01 옆면 겉 B 조각 원단을 그림처럼 연결합니다.
★시접은 바람개비 모양으로 처리합니다.

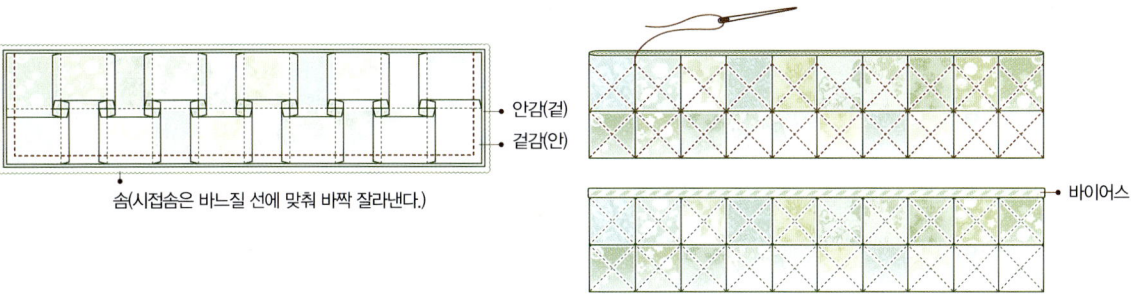

솜(시접솜은 바느질 선에 맞춰 바짝 잘라낸다.)
안감(겉)
겉감(안)
바이어스

02 옆판 패치워크가 완성되면 'B(겉감 겉+안감 겉 만나게)+솜' 순서대로 놓고 입구 부분을 제외한 세 면을 바느질합니다. 시접의 솜은 바느질 선에 맞춰 바짝 잘라내고 뒤집은 후 퀼팅하고, 입구에는 바이어스합니다.

03 뚜껑을 만듭니다. 'A(겉감 겉+안감 겉 만나게)+솜' 순서대로 놓고 바닥 직선 부분만 먼저 바느질하고, 시접의 솜은 바느질 선에 맞춰 바짝 잘라 내고 겉감—솜—안감 순서가 되도록 뒤집습니다. 시침질 후 퀼팅합니다.

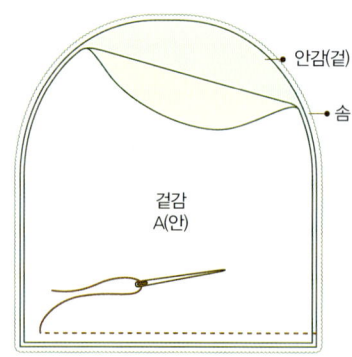
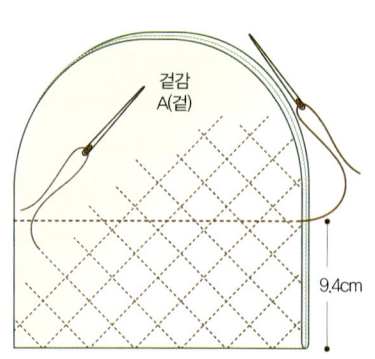

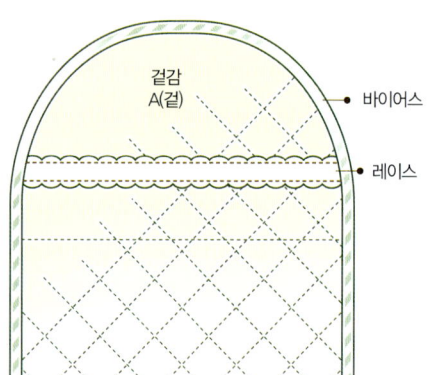

04 완성선을 다시 한 번 그려서 크기를 보정하고 시접은 7mm로 정리합니다. 레이스를 바느질하여 단 후 바이어스합니다.

05 손잡이를 만듭니다. 손잡이 D를 안쪽이 보이게 접어 그림처럼 끝으로 뒤집어 양끝 시접을 접어 넣고 공구르기로 막아줍니다. 완성된 손잡이를 패턴에 표시된 손잡이 위치에 바느질하세요.

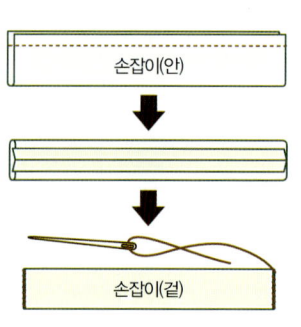
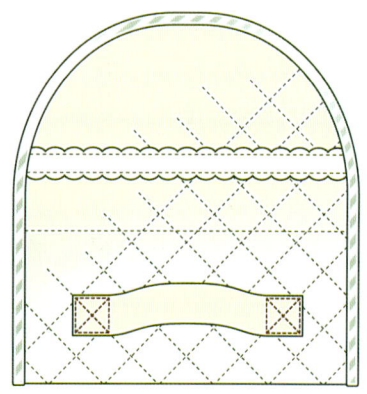

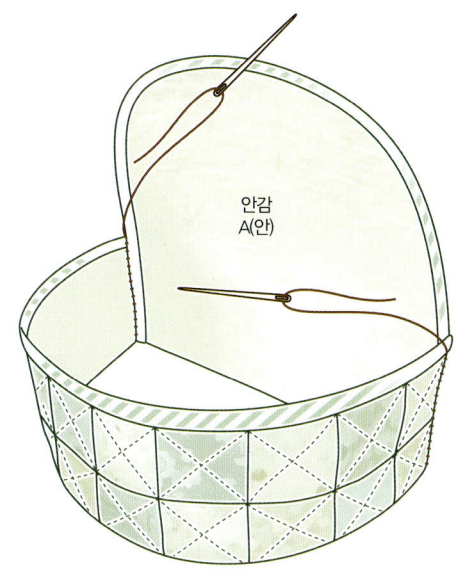

06 뚜껑과 옆판을 공그르기로 연결합니다. 겉에서 한 번, 안에서 다시 한 번 공그르기합니다.

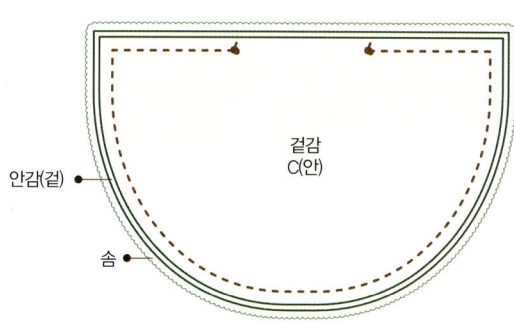
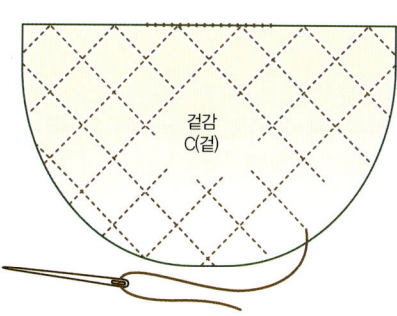

07 그림처럼 바닥판을 만듭니다. 'C(겉감 겉+안감 겉 만나게)+솜' 순서로 겹쳐 둘레를 바느질하고 시접의 솜은 바느질 선에 맞춰 바짝 잘라낸 후 뒤집어서 창구멍을 공그르기로 막고 퀼팅합니다.

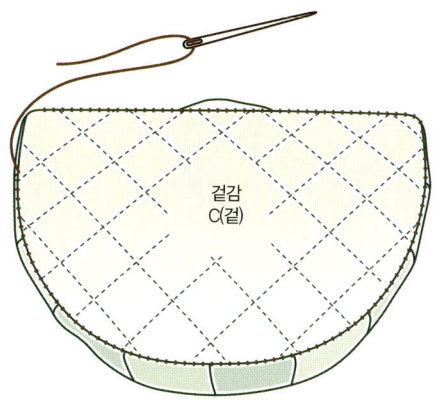

08 바닥판과 본체 부분을 공그르기로 연결합니다. 겉에서 한번, 안에서 한번 튼튼하게 공그르기합니다.

09 지퍼를 연결하세요. 뚜껑과 바구니 부분의 중심을 표시해 놓고 잘 맞춰서 중심에서 양쪽 방향으로 지퍼를 바느질합니다. 지퍼의 시접은 안감에 감침질로 고정해주세요

10 요요를 만듭니다. 시접을 접어 넣으며 7mm 정도의 바늘땀으로 둘레를 바느질하세요. 실을 잡아당겨 주름을 잡아 요요 모양을 만듭니다.

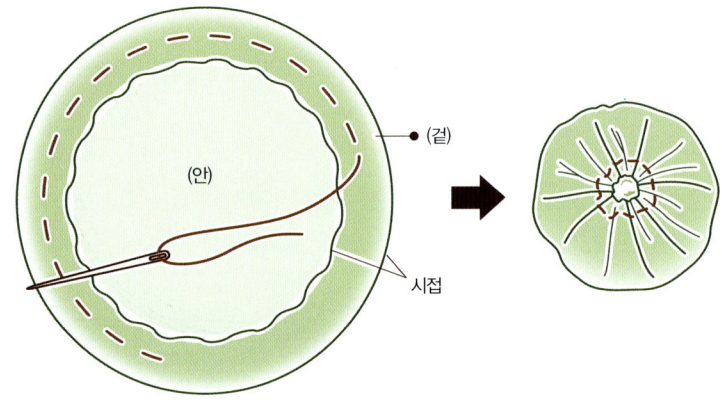

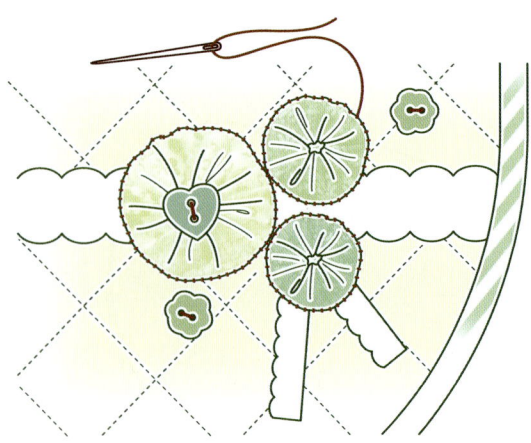

11 완성된 요요와 단추 레이스를 뚜껑에 붙입니다.

12 패치 부분 앞 중심에 라벨을 달면 완성입니다.

20. 리버티 쏘잉박스

22. 반달 패치 파우치

㉓ 버터컵 파우치

난이도 초급 ★★
사이즈 20×14cm, 바닥 폭 7cm

23 버터컵 파우치

준비하기
앞판과 뒷판 패치워크용 원단 13종(20×10cm), 리넨 무지 원단(50×30cm), 안감 원단(40×40cm), 5온스 솜(40×40cm), 바이어스(60×3.5cm), 레이스(60cm), 지퍼(25cm) 1개

재단하기
특별한 표기가 없는 부분은 시접 7mm를 남기고 재단합니다.
앞판, 뒷판 패치 A 겉감: 실물본 38장, **겉감 B:** 실물본 2장, **겉감 B':** 실물본 2장, **옆판 C 겉감:** 실물본 1장, **본체 안감:** B+A+B' 전체 크기 2장, **옆판 C 안감:** C 실물본 1장, **본체 솜:** B+A+B' 전체 크기 2장, **옆판 C 솜:** C 실물본 1장

버터컵 파우치 만들기

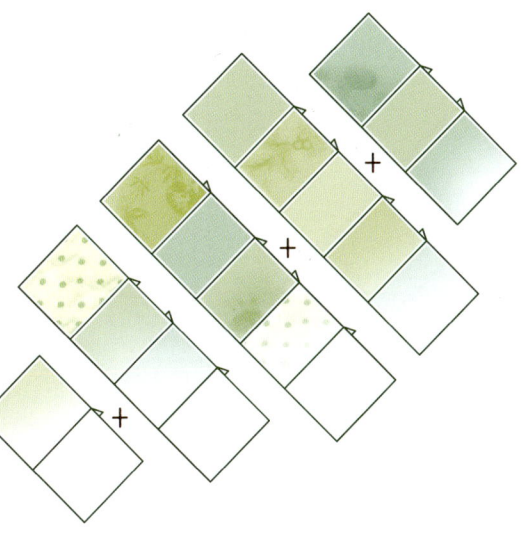

01 앞판, 뒷판 패치워크 A 부분을 그림처럼 연결합니다. 앞판용, 뒷판용을 각각 만듭니다.

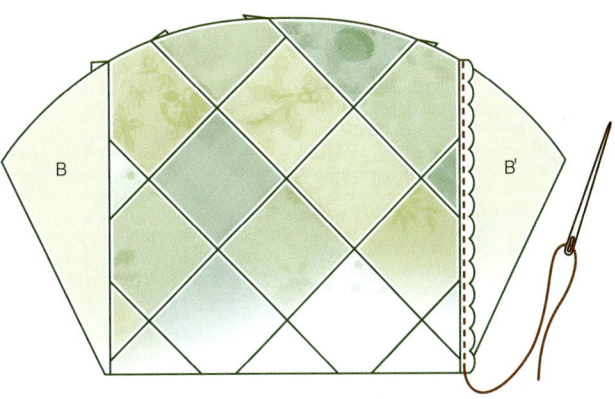

02 연결한 패치 부분을 실물본대로 재단한 후 양쪽에 B와 B'를 연결합니다. 연결선에 레이스를 답니다. 앞판, 뒷판 각각 이렇게 만드세요

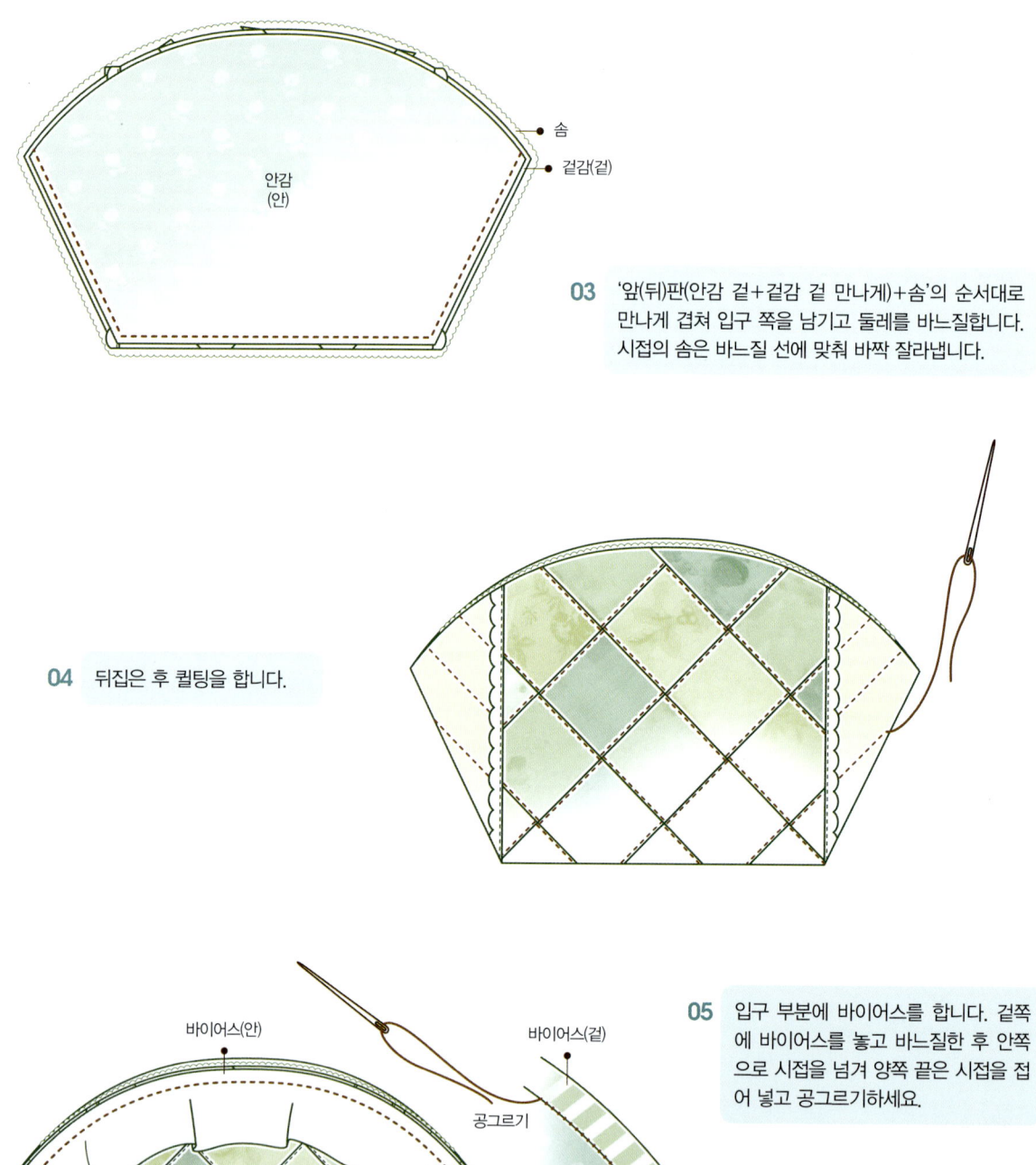

03 '앞(뒤)판(안감 겉+겉감 겉 만나게)+솜'의 순서대로 만나게 겹쳐 입구 쪽을 남기고 둘레를 바느질합니다. 시접의 솜은 바느질 선에 맞춰 바짝 잘라냅니다.

04 뒤집은 후 퀼팅을 합니다.

05 입구 부분에 바이어스를 합니다. 겉쪽에 바이어스를 놓고 바느질한 후 안쪽으로 시접을 넘겨 양쪽 끝은 시접을 접어 넣고 공그르기하세요.

06 앞판과 뒷판 사이에 지퍼를 답니다. 입구에서 0.3cm 아래에 달아주세요

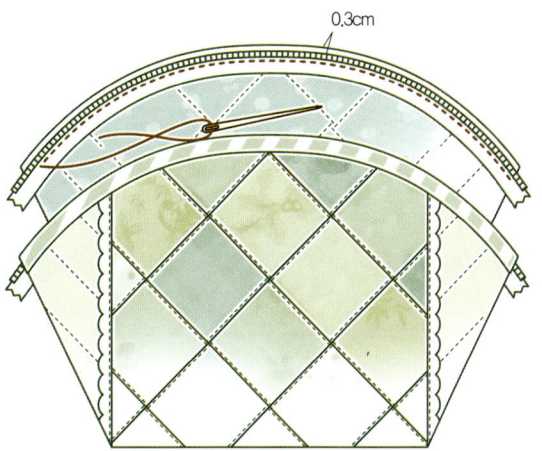

07 옆판을 만듭니다. '옆판(안감 겉+겉감 겉 만나게)+솜'의 순서대로 겹쳐 창구멍을 남기고 바느질합니다. 시접의 솜은 바느질 선에 맞춰 바짝 잘라냅니다.

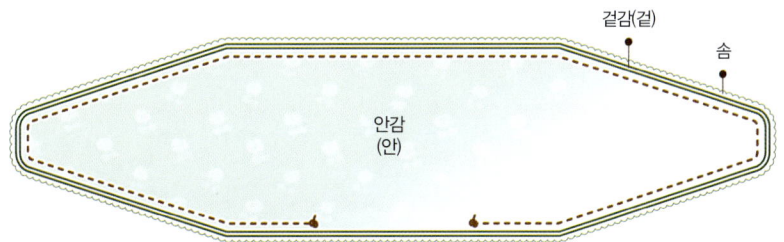

08 뒤집어서 창구멍을 공그르기하고 퀼팅합니다.

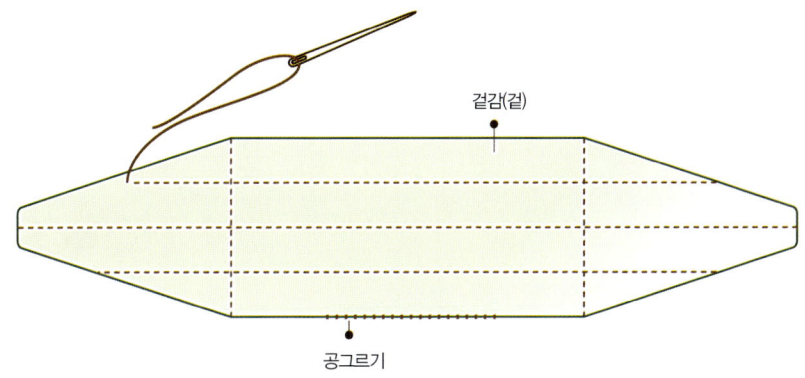

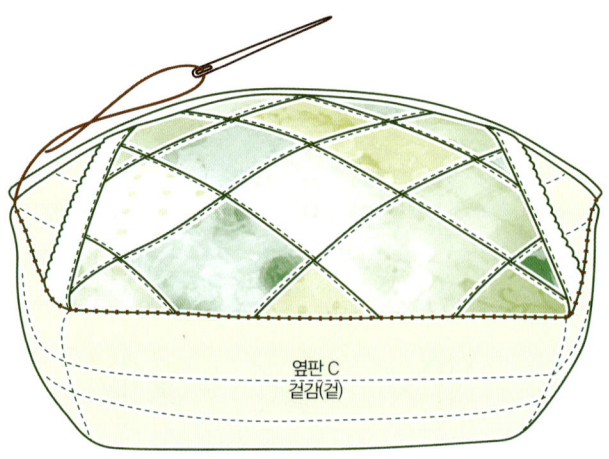

옆판 C
겉감(겉)

09 앞판, 옆판, 뒷판의 위치를 잘 맞춰 공그르기로 연결합니다.
뒤집어서 안감 쪽에서도 다시 한 번 공그르기하면 완성입니다.

㉔ 벚꽃 파우치

난이도 초급 ★
사이즈 지름 약 11cm, 높이 11cm

24 벚꽃 파우치

준비하기
본체 원단 6종(25×10cm), 꽃잎 원단 6종(20×10cm), 입구 통로 원단(55×10cm), 방울 원단(25×10cm), 안감 원단(55×25cm), 2온스 접착솜(30×55cm), 면끈 폭 1.2mm짜리(120cm), 끈 장식용 싸개단추 틀(직경 20 mm) 4개, 가죽 라벨 1개

재단하기
특별한 표기가 없는 부분은 시접 7mm를 남기고 재단합니다.
본체 A 겉감: 실물본 6장, **꽃잎 B 겉감:** 실물본 12장, **입구 통로:** 19.5×4cm 2장, **끈 장식 D:** 실물본 4장(시접 포함), **본체 안감:** A 실물본 6장, **본체 솜:** A 실물본 6장(시접 없음), **꽃잎 B 접착솜:** B 실물본 6장(시접 없음), **끈장식 D 접착솜:** D 실물본 4장(시접 포함)

벚꽃 파우치 만들기

01 본체 겉감 A와 꽃잎 겉감 B(6종 각 1장씩)의 안쪽에 접착솜을 다림질로 붙이세요. 반짝이는 면이 접착 면입니다. 접착 면과 원단 안쪽이 만나게 겹친 후 겉감 겉쪽에서 다림질하여 붙입니다.

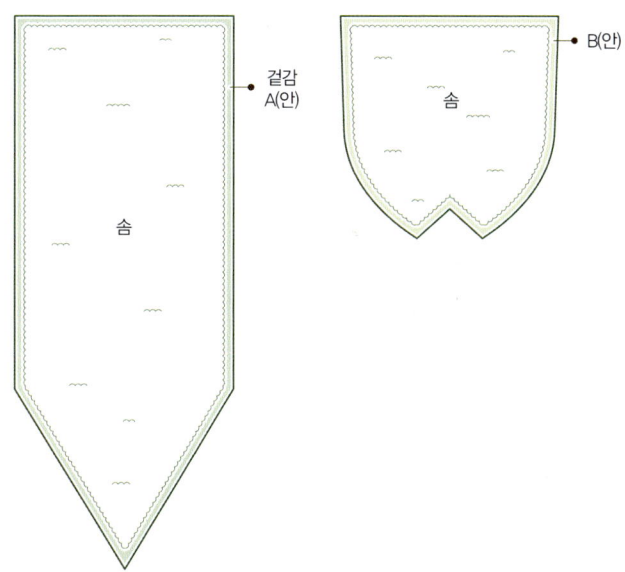

02 같은 무늬의 B 원단 2장(접착솜 붙은 거 1장+원단만 1장)을 겉끼리 만나게 겹쳐 위쪽을 남기고 바느질하세요. 시접의 오목한 부분과 곡선에 가위집을 주고 뾰족한 끝 부분 시접은 자른 후 뒤집습니다.

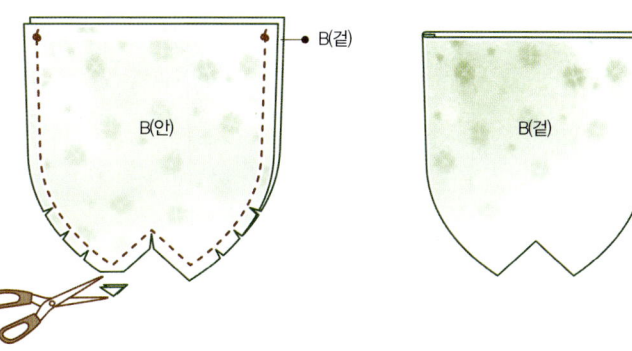

03 본체 겉감 A 6장을 모두 원통형으로 그림처럼 연결합니다. 그림처럼 꺾이는 위치의 시접에 가위집을 주세요. 시접은 한 쪽 방향으로 넘기세요. A의 안감도 같은 방법으로 그림처럼 연결합니다. 이때 시접은 겉감과 반대 방향으로 넘기세요.

04 입구 통로 겉감 C 2장을 겉끼리 만나게 겹쳐 옆선을 바느질합니다. 이때 아래쪽은 시접 위 2cm는 그림처럼 바느질하지 말고 남기세요(끈 구멍). 바느질 후 시접은 가름솔로 가릅니다.

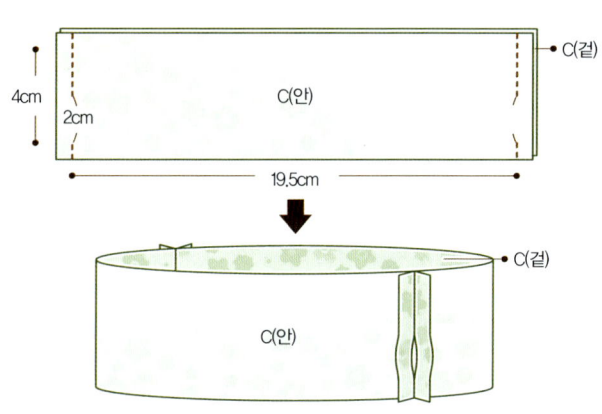

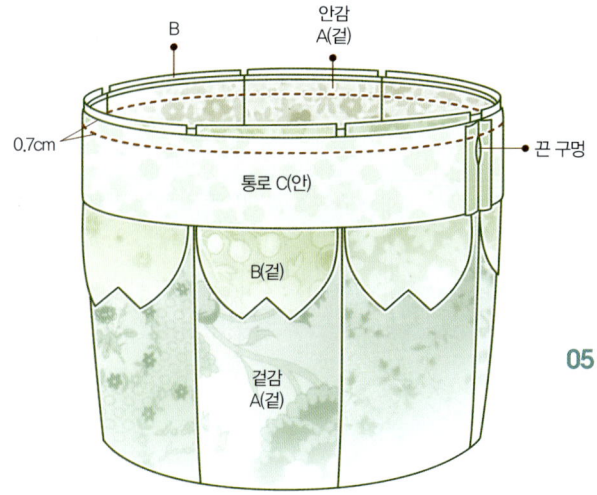

05 본체 A 겉에 만들어둔 안감을 안쪽끼리 만나도록 넣어줍니다. 꽃잎 B를 입구에 시침한 후 입구 통로 C를 그림처럼 끈 구멍의 위치를 맞춰 입구에 시침질하고 둘레를 바느질합니다.

06 입구 통로 C를 안쪽으로 넘겨 시접을 접어 넣고 공그르기하세요.

07 끈을 2개로 잘라(약 60cm씩) 그림처럼 통로에 엇갈리게 끼운 후 매듭을 지으세요. 끈 장식을 만들어서 매듭을 가리면 완성입니다. (②)

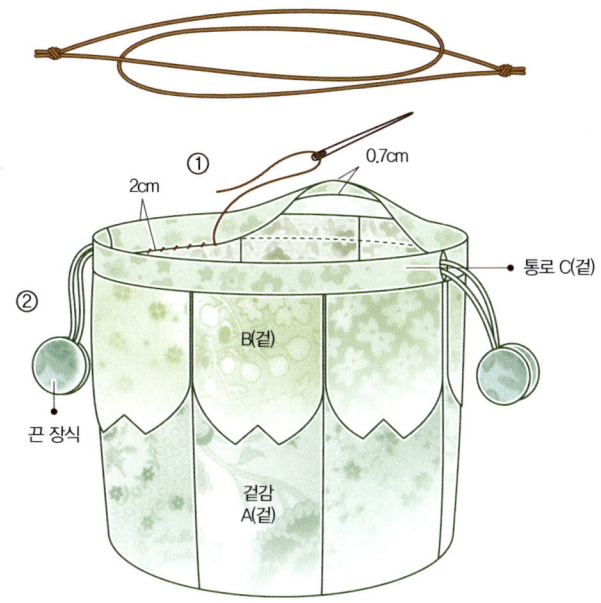

tip 끈 장식 만들기

끈 장식 원단 D 안쪽에 솜을 넣고 테두리를 바느질한 후 부속을 넣고 잡아당깁니다. 이렇게 만든 후, 끈 매듭을 사이에 넣고 두 개를 맞붙여 공그르기하여 연결하면 완성입니다.

25 보랭 물병 주머니

난이도 초급 ★★
사이즈 10×21cm, 폭 6.5cm

25 여행 물병 주머니

준비하기
겉감 2종(40×20cm), 입구 조리개 원단(40×20cm), 은박 원단(35×25cm), 방울 원단(20×10cm), 바이어스(35×4cm), D링용 폭 15mm 리넨 테이프(10cm), 삼각링 2개, 지름 1.2mm 면끈 90cm, 스틱&소잉 라벨 1장, 장식용 레이스나 테이프(30cm), 6.5온스 접착솜(25×40cm), 방울솜 약간

재단하기
시접량은 아래 전개도를 참고하며, 특별한 표기가 없는 부분은 시접 7mm를 남기고 재단합니다.
윗면 A 겉감: 26×10cm 1장, **아랫면 B 겉감:** 26×9cm 1장, **조리개 C 겉감:** 12.5×14cm 2장, **본체 안감:** 25×19cm 1장, 방울 E 겉감: 실물본 2장, **본체 솜:** 26×19cm 1장(시접 없음)

전개도

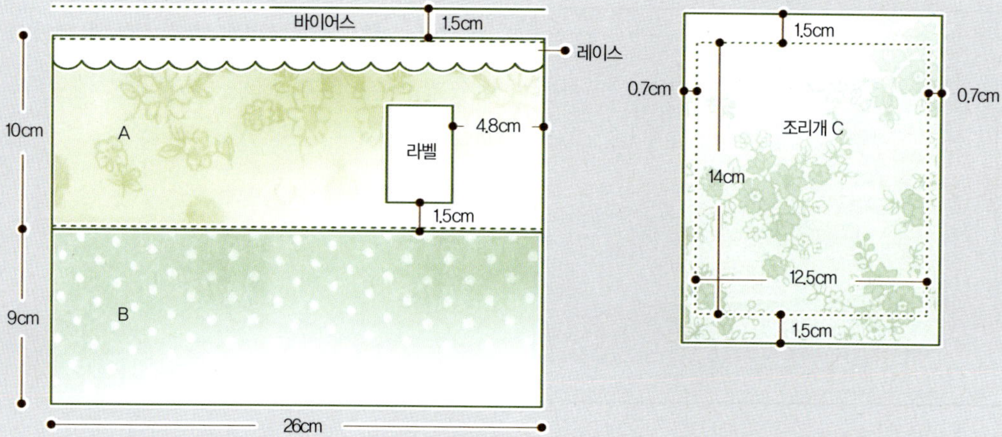

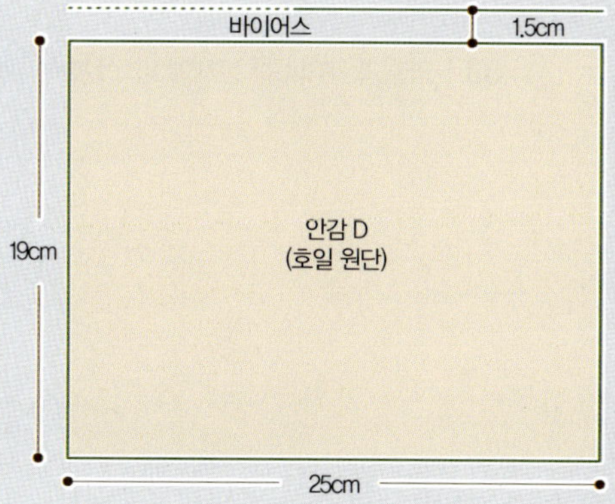

★ 본체 안감은 겉감보다 작은 것이 맞습니다.

보랭 물병 주머니 만들기

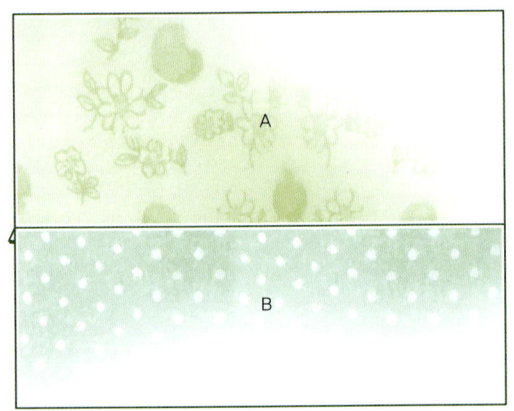

01 윗면 겉감 A와 아랫면 겉감 B를 연결합니다. 시접은 B쪽으로 꺾어주세요.

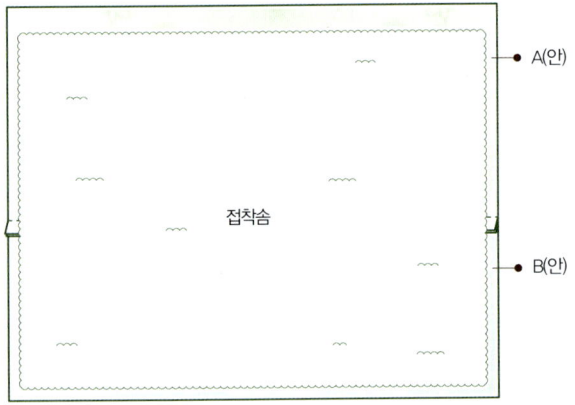

02 안쪽 완성선에 맞춰 접착솜을 붙이세요(다림질은 원단 겉쪽에서).

03 라벨과 레이스를 본체에 바느질하여 달아주세요.

04 솜이 보이게 반을 접어 옆선과 바닥을 ㄴ자로 바느질하여 붙입니다.

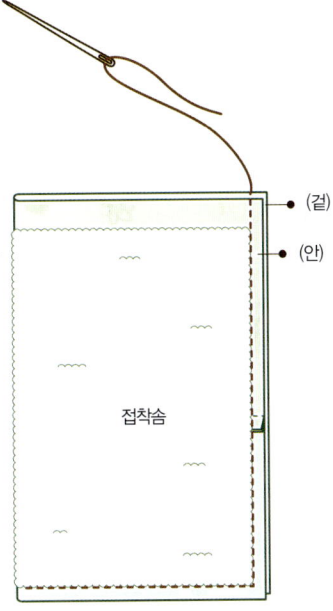

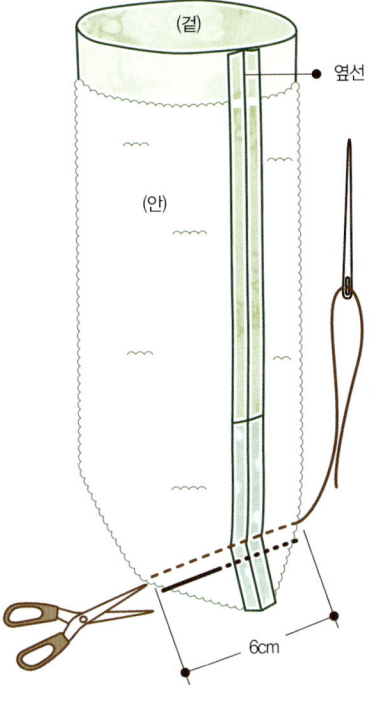

05 바닥을 6cm 폭이 되도록 눌러서 바느질합니다. 양쪽 모두 같은 방법으로 바느질하세요. 바느질 후 삼각형의 시접은 7mm를 남기고 자릅니다. 안감(호일 원단)은 솜 없이 겉감과 같은 방법으로 만듭니다.

06 리넨 테이프를 4.5cm로 잘라 반 접어서 폭 7mm으로 만든 후 D링을 끼워 반으로 접습니다(2개).

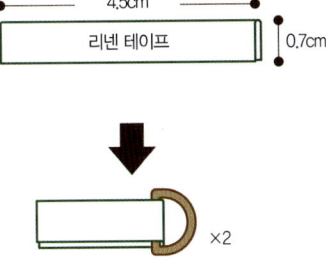

07 조리개 C 원단 2장을 겉이 만나게 겹쳐서 양 옆선을 바느질한 후 시접은 가름솔로 합니다. 이때, 중심에 끈 통로 3cm를 남기세요.

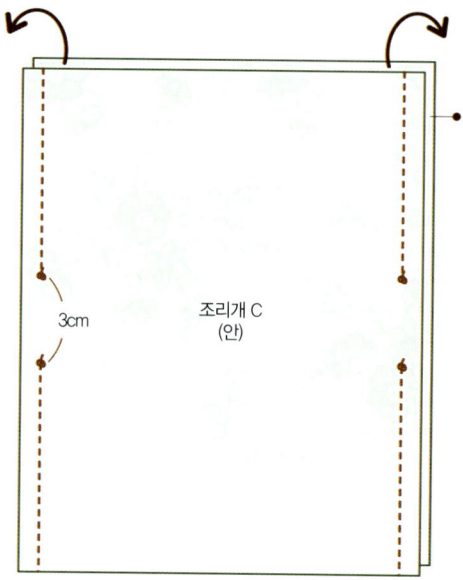

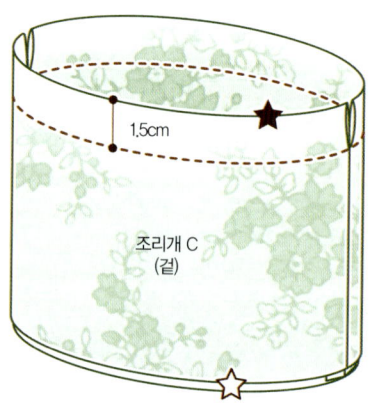

08 목 폴라를 접듯이 겉이 보이게 반을 접으세요. 접은 선(★)에서 1.5cm 아래에 바느질하여 통로를 만드세요.

09 겉감 안과 안감 안이 만나게 겹쳐 넣으세요. 그리고 조리개 C를 그 안에 넣어 ☆ 라인과 본체 입구를 맞추고, 둘레에 1.5cm 시접 폭으로 바이어스를 바느질합니다.

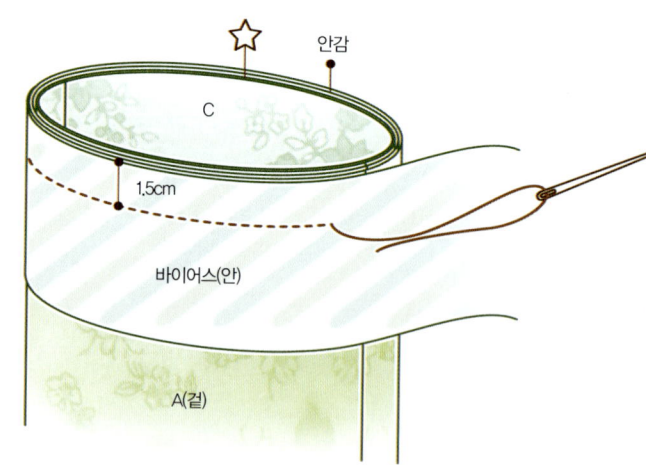

10 고리를 양 옆선 입구 시접과 조리개 C 사이에 끼우고 C에 튼튼히 바느질하여 고정합니다.

11 바이어스를 꺾어 올려 시접은 안으로 접어 넣고 공그르기하세요. 끈을 끼우고 방울을 달면 완성입니다.

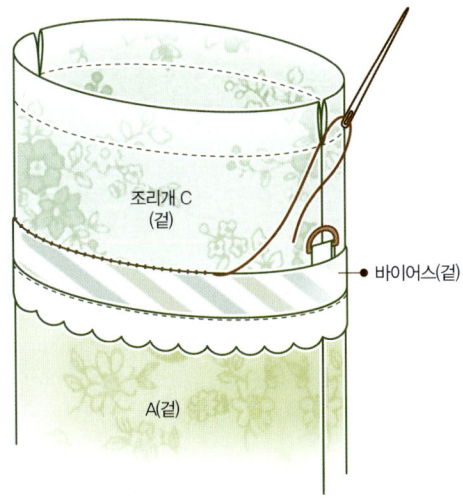

끈 끼우는 방법

끈 두 줄을 조리개 C 통로에 양쪽에서 각각 끼운 후 방울을 만들어서 끈 매듭에 씌운 후 바느질로 고정합니다.

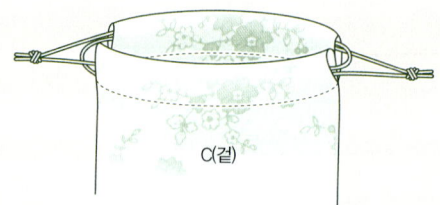

 방울 만드는 방법

방울 겉감 E에 시접을 접어 넣고 첫 땀은 박음질하고, 7mm 크기의 바늘땀으로 둘레를 바느질하고 오목하게 당겨서 방울솜을 넣습니다.

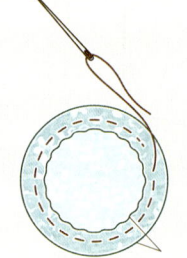

매듭을 넣고 조금 당기면서 솜을 더 넣어 빵빵하게 만든 후 완전히 당겨 이리저리 꿰매어 단단히 고정하세요.

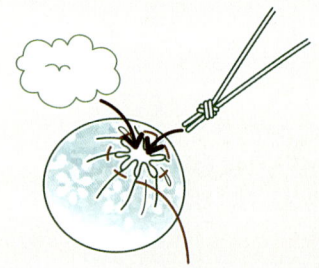

4 · 쓰임새 좋은 파우치 만들기 171

26 뚜르 에펠 파우치

난이도 초급 ★★
사이즈 17×12cm

26 뚜르 에펠 파우치

준비하기
앞면 위, 중간 원단 2종(25×10cm), 뒷면 상부 원단(25×15cm), 앞면 하단 패치 4종(15×10cm), 파랑 체크 원단(10×10cm), 연두 도트 원단(10×5cm), 안감 원단(35×25cm), 바이어스(40×3.5cm), 폭 1.7cm 리넨 테이프(5cm), 지퍼(20cm) 1개, 5온스 솜(35×25cm), 빨강, 초록 수실 각 1마씩, 가죽 라벨 1개

재단하기
특별한 표기가 없는 부분은 시접 7mm를 남기고 재단합니다.
앞면 위 겉감 A: 실물본 1장, **앞면 중간 겉감 B:** 실물본 1장, **앞면 하단 패치 C~F:** 실물본 각 1장씩, **뒷면 겉감 G:** 실물본 1장, **에펠탑 아플리케 2종:** 실물본대로 각 1장씩, **안감:** 전체 크기 1장, **솜:** 전체 크기 1장

뚜르 에펠 파우치 만들기

01 앞면 위 겉감 A와 앞면 중간 겉감 B를 연결한 후 번호 순서대로 아플리케합니다.

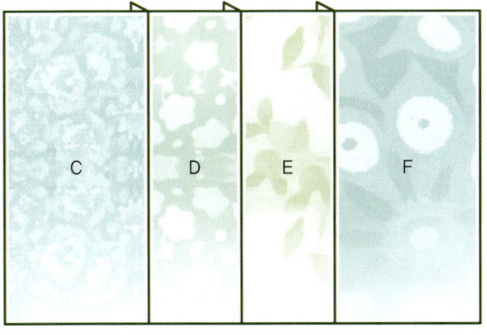

02 앞면 하단 C~F도 나란히 패치워크합니다.

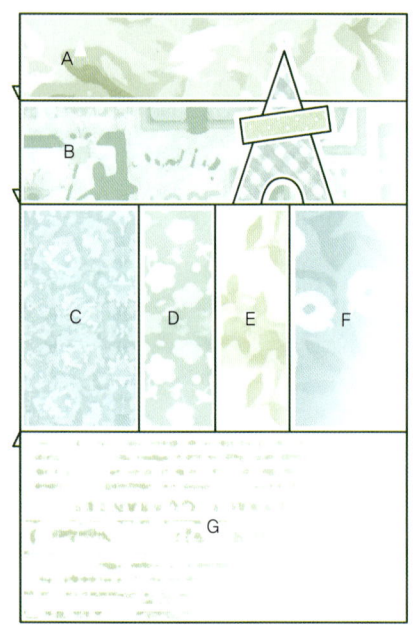

03 뒷면 상부 겉감 G까지 모두 연결해 탑을 완성합니다.

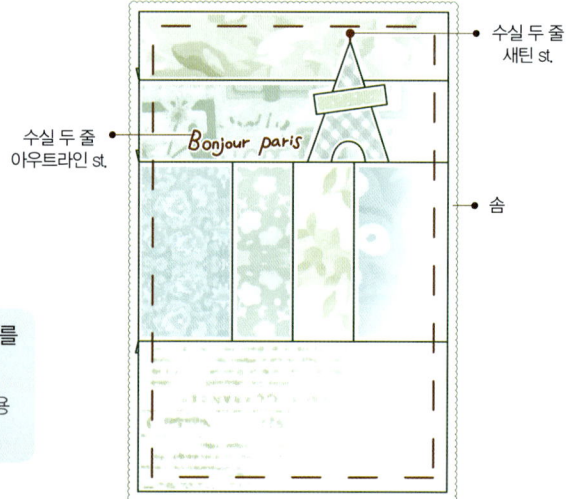

04 완성된 본체 겉감에 솜만 대고 시침질한 후 스티치를 합니다.
★ 글자 부분 스티치는 아우트라인 스티치로 수실 두 줄 사용
★ 에펠탑 꼭대기 부분은 새틴 스티치로 수실 두 줄 사용

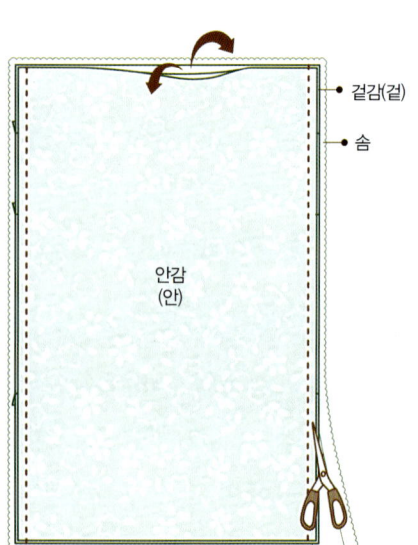

05 겉감 겉에 안감 겉이 만나도록 안감을 겉감 위에 겹친 후, 양쪽 옆선을 바느질합니다. 바느질한 후 시접의 솜은 바느질 선에 맞춰 바짝 자르고 뒤집습니다.

06 시침질 후 패턴에 표시된 대로 퀼팅을 합니다.

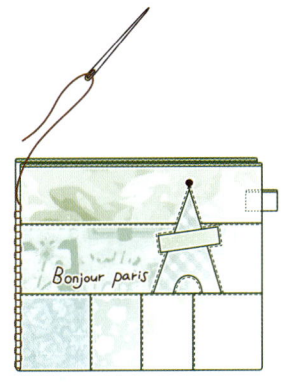

07 겉이 보이게 퀼트를 반으로 접고 옆선에 레터링 테이프를 끼워 옆선을 공그르기합니다. 뒤집어서 한 번 더 공그르기하세요.

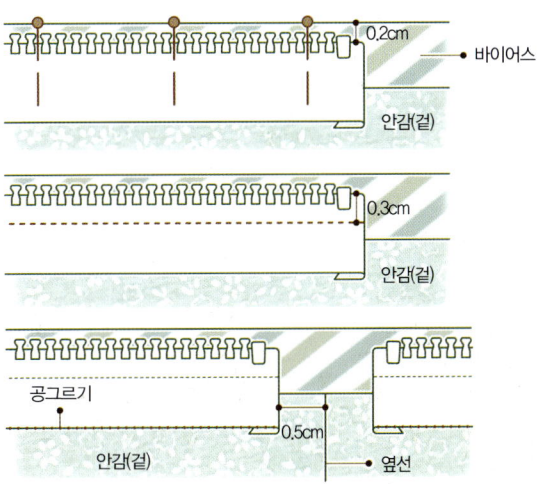

08 입구에 바이어스를 하고 지퍼를 답니다. 지퍼를 다는 간격은 그림을 참고하세요.

09 양쪽 바닥 폭을 4cm가 되도록 그림처럼 안쪽에서 바느질하세요.

10 뒷면에 가죽 라벨을 달면 완성입니다.

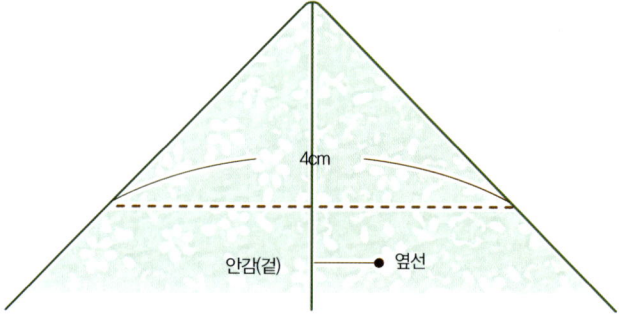

㉗ 살롱드떼 파우치

난이도 초급 ★★
사이즈 16×13cm, 바닥 폭 6cm

27 살롱드떼 파우치

준비하기

상부 원단(40×15cm), 패치용 원단 7종(15×15cm), 옆면 원단(45×10cm), 안감 원단(45×40cm), 5온스 솜(45×40cm), 6623번 프레임 1개, 가죽 라벨 1개

재단하기

특별한 표기가 없는 부분은 시접 7mm를 남기고 재단합니다.
앞판, 뒷판 겉감 A~H: 각 2장씩, **옆판 겉감**: 실물본 2장, **앞판, 뒷판 안감**: 전체 크기 2장, **옆판 안감**: 전체 크기 1장, **앞판, 뒷판 솜**: 전체 크기 2장, **옆판 솜**: 전체 크기 1장.

살롱드떼 파우치 만들기

01 우선 B~H를 모두 패치워크한 후 그 위에 A를 아플리케 방식으로 연결하여 앞판, 뒷판 겉감을 각각 만듭니다.

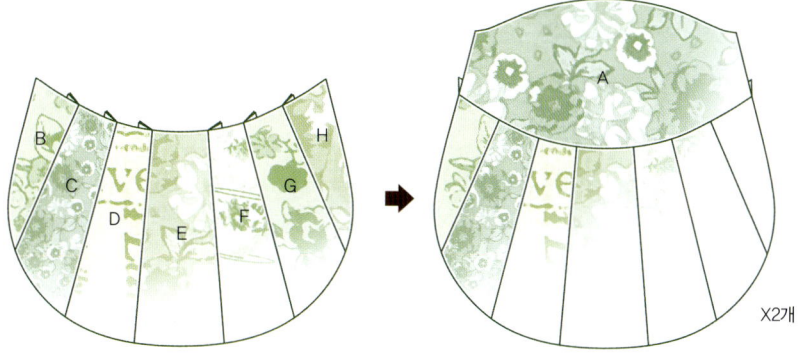

02 앞판, 뒷판(안감 겉+겉감 겉 만나게), 솜 순서로 겹쳐서 위쪽에 창구멍을 남기고 둘레를 바느질합니다. 시접의 솜만 바느질 선에 맞춰 바짝 자른 후 곡선 시접에는 가위집을 주고 뒤집습니다. 뒷판도 같은 방법으로 만듭니다.

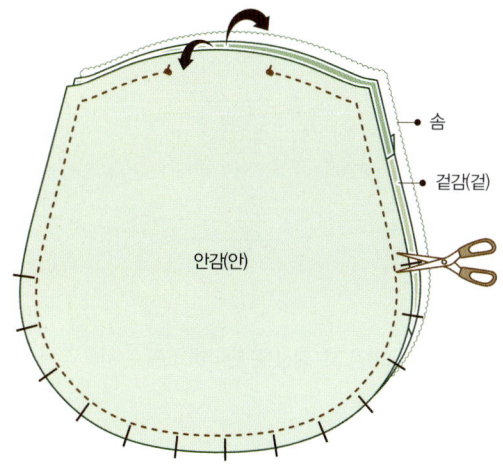

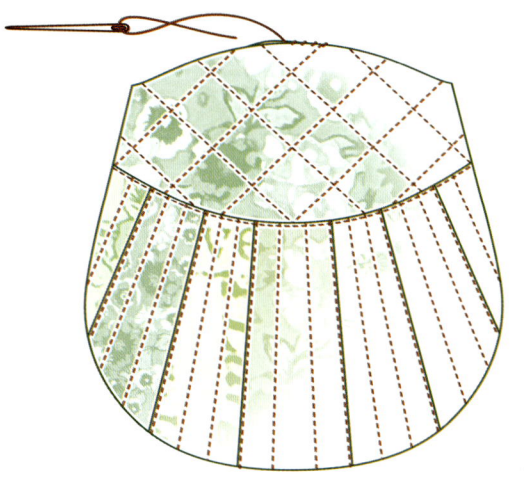

03 창구멍은 공그르기로 막고 시침질 후 패턴대로 퀼팅합니다.

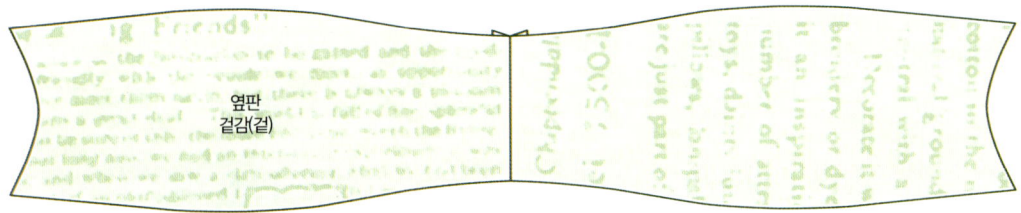

04 옆판 겉감을 가운데에서 연결합니다. 시접은 가름솔로 해주세요.

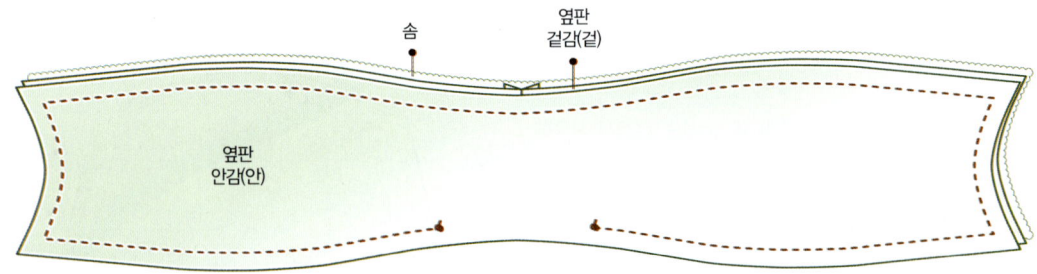

05 '옆판(안감 겉+겉감 겉 만나게)+솜' 순서로 겹쳐 창구멍만 남기고 둘레를 바느질합니다.

06   시접의 솜만 바느질 선에 맞춰 잘라내고 곡선 부분 시접에는 가위집을 준 후 뒤집습니다.

07   창구멍은 공그르기로 막고 퀼팅합니다.

08   시침핀으로 앞판-옆판-뒷판 위치를 잘 맞춰 공그르기로 연결합니다. 안쪽에서 한 번 더 공그르기하여 튼튼하게 연결하세요.

09   가죽 라벨을 달고 프레임을 연결하면 완성입니다.

㉘ 네코냥 파우치

난이도 초급 ★★
사이즈 16.5×13.5cm, 폭 5cm

28 네코냥 파우치

준비하기
고양이 커트지 1cut, 옆면 원단(30×10cm), 프릴 원단(110×10cm), 요요 원단(20×10cm), 안감(55×30cm), 지퍼(25cm) 1개, 가방솜(55×30cm), 빨강 수실(50cm)

재단하기
특별한 표기가 없는 부분은 시접 7mm를 남기고 재단합니다.
앞판 A 겉감: 실물본 1장, **뒷판 B 겉감**: 실물본 1장, **옆판 C 겉감**: 실물본 1장, **프릴 D**: 실물본 2장, **요요 E**: 실물본 2장, **앞판 A 안감**: 실물본 1장, **뒷판 B 안감**: 실물본 1장, **옆판 C 안감**: 실물본 1장, **앞판 A 솜**: 실물본 1장, **뒷판 B 솜**: 실물본 1장, **옆판 C 솜**: 실물본 1장

네코냥 파우치 만들기

01 앞판 겉감 A에 솜만 겹쳐서 퀼팅합니다. 고양이 캐릭터 테두리 부분을 퀼팅하고 꽃 그림을 제외한 나머지 바탕은 1.5cm 간격으로 사선 퀼팅합니다.

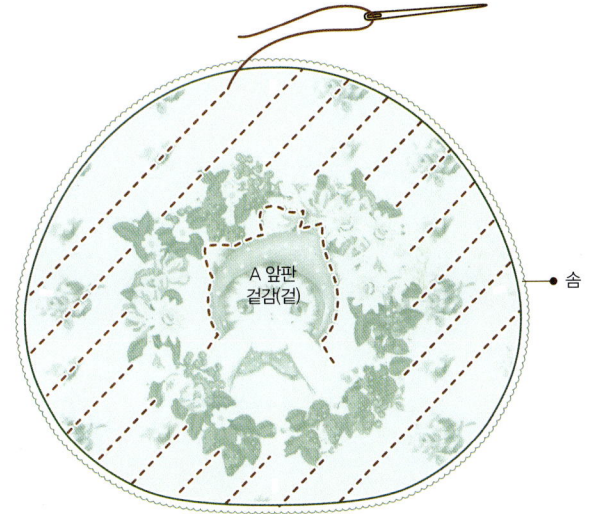

02 옆판 겉감 C와 솜을 겹쳐 퀼팅하세요.

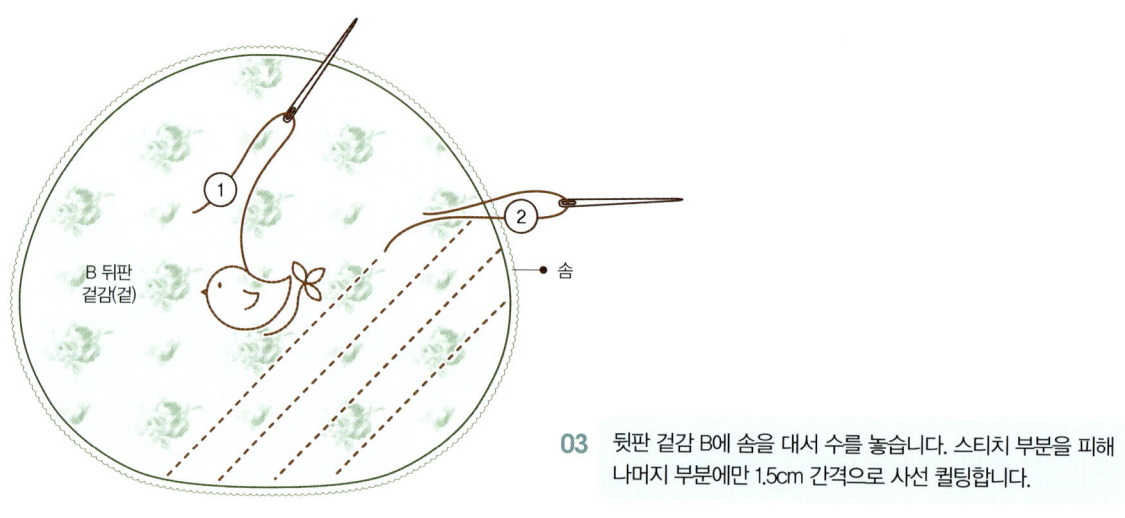

03 뒷판 겉감 B에 솜을 대서 수를 놓습니다. 스티치 부분을 피해 나머지 부분에만 1.5cm 간격으로 사선 퀼팅합니다.

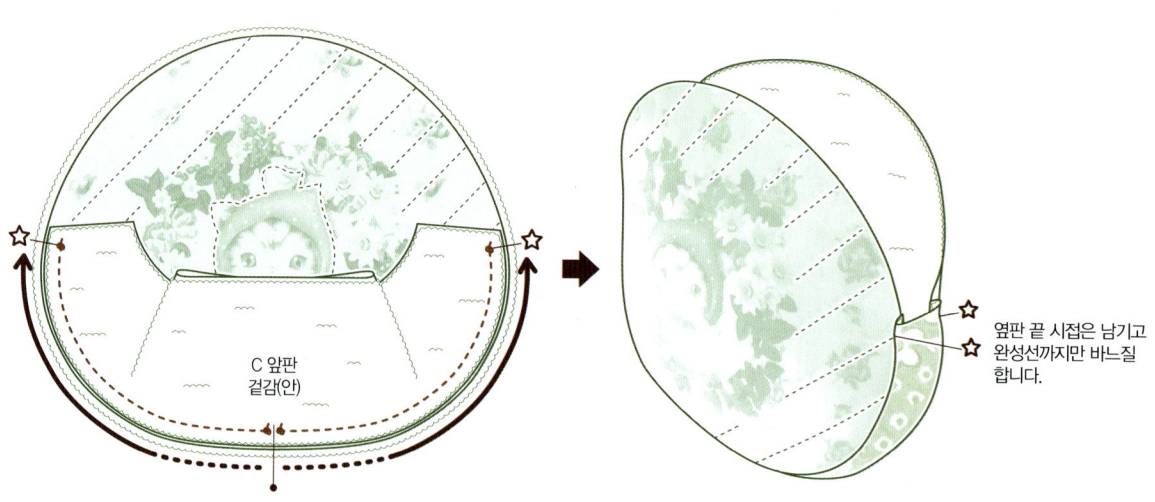

옆판 끝 시접은 남기고 완성선까지만 바느질합니다.

04 퀼팅한 앞판, 옆판, 뒷판을 연결합니다. 중심선을 기준으로 양쪽으로 바느질하세요. 옆판 양끝 시접은 남기고 완성선까지만 바느질합니다.

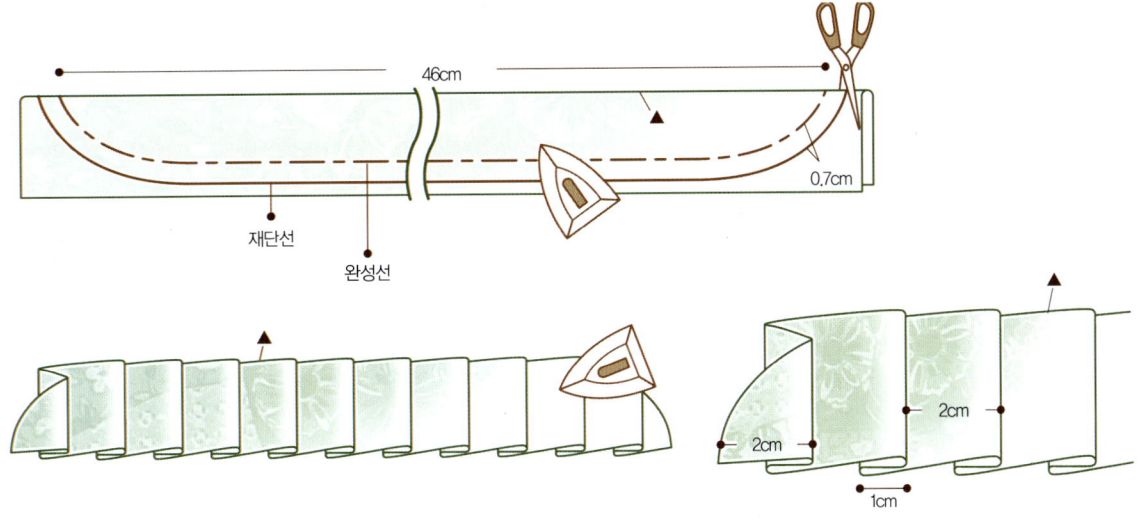

05 프릴 원단 D를 반으로 접어 양쪽 끝에 모양 패턴을 대고 46cm 길이(시접 별도)로 그립니다. 시접을 남기고 그림처럼 자르고 주름을 잡아 다림질로 고정합니다. 접은 프릴의 길이는 입구 길이와 같게 맞추세요. 위와 같은 방법으로 프릴을 2개 만듭니다. (▲ 표시의 방향을 확인하세요.)

06 앞판, 뒷판 겉의 입구 부분에 만들어 놓은 프릴을 바느질로 고정합니다. (▲ 표시의 방향을 확인하세요.)

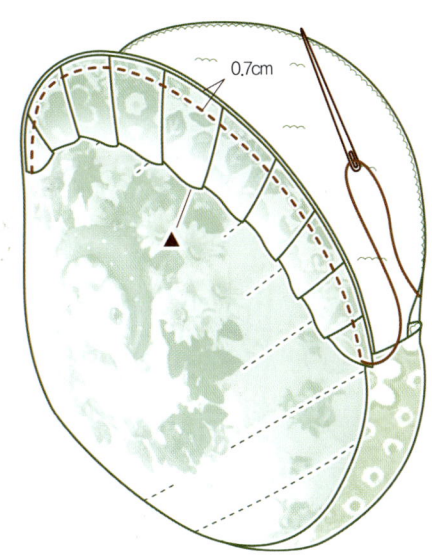

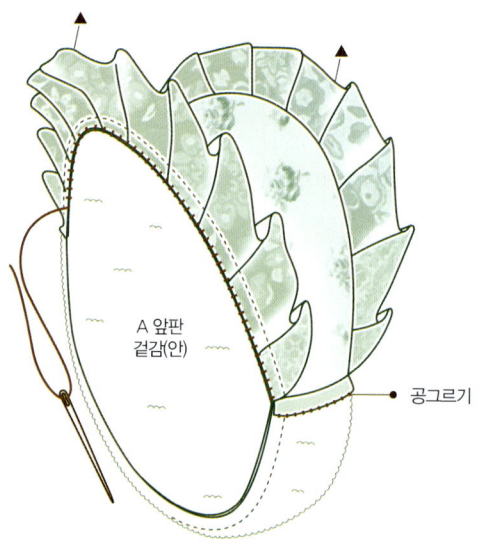

07 프릴은 위쪽으로 꺾어 올리고 프릴 시접은 안감 아래쪽으로 꺾어 파우치의 앞판, 뒷판의 안쪽(솜)에 시접을 감침질로 붙이세요. 옆판 시접도 안쪽으로 꺾어서 옆판에 고정합니다.

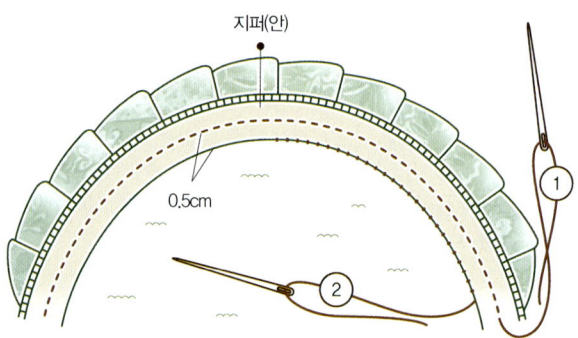

08 이제 입구에 지퍼를 답니다. 프릴의 바느질 선을 가려야 하므로 프릴 바느질 선 바로 위에 지퍼를 바느질합니다.

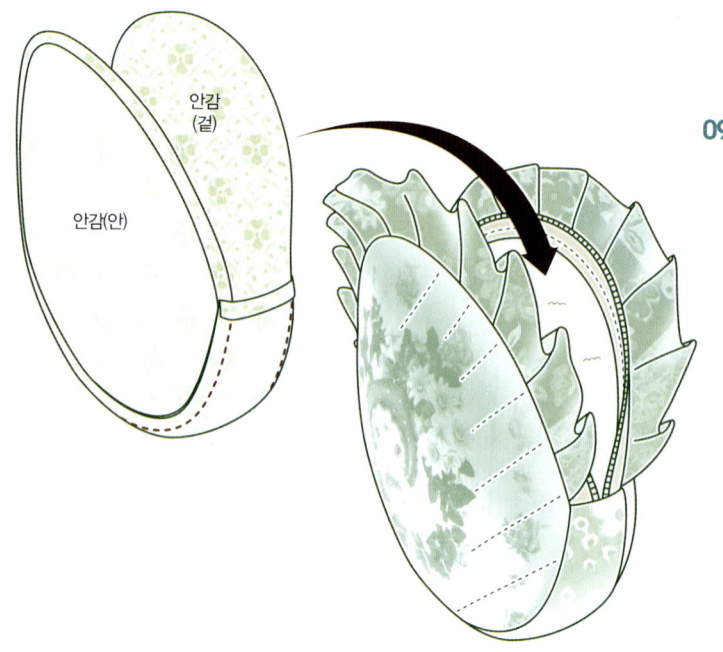

09 '안감 앞판+옆판+뒷판' 순서로 연결합니다. 안감이 완성되면 안감을 겉감 속에 넣으세요.

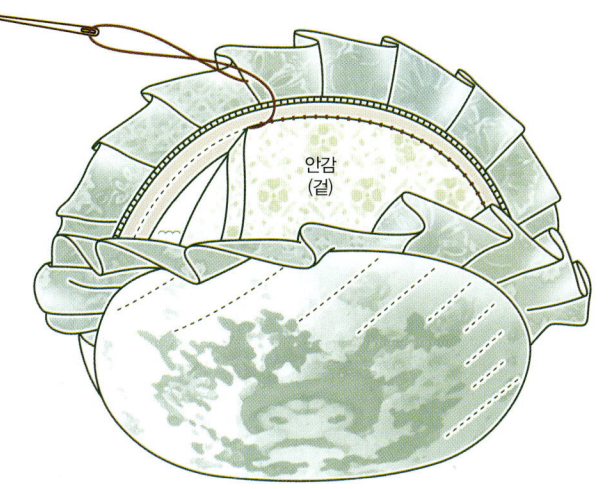

10 안감 입구의 시접을 안쪽으로 접어 넣고 지퍼 바느질 선 바로 위에 공그르기하여 입구 부분을 마무리하세요.

11 요요 원단 E로 요요를 만듭니다. 시접 0.7cm를 접어 넣어가며 1cm 간격으로 바느질한 후 잡아당겨서 주름을 잡아 요요를 만드세요. 2개 만듭니다.

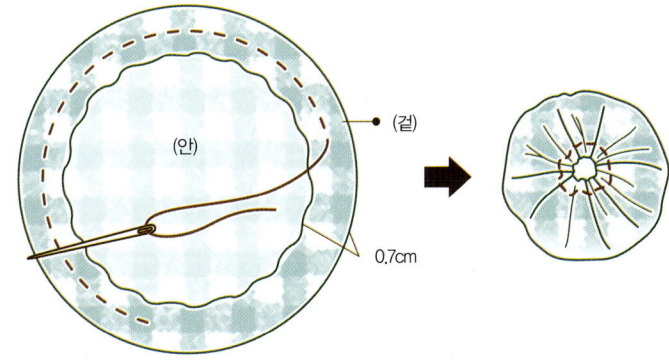

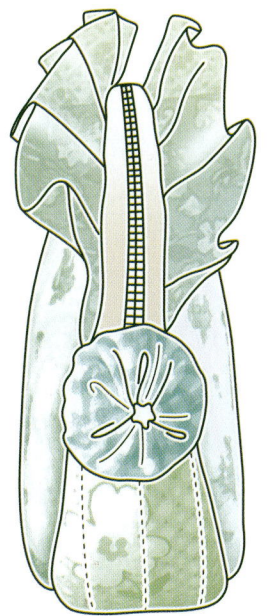

12 옆판의 양쪽 끝에 요요를 달면 완성입니다.

PART 5

선물하기 좋은 필통 만들기

아이들이 좋아하는 무늬의 천을 이용하여 귀여운 동물친구들이 타고있는 스쿨버스 필통과 소녀풍의 마트료시카 필통을 만들어 보세요.

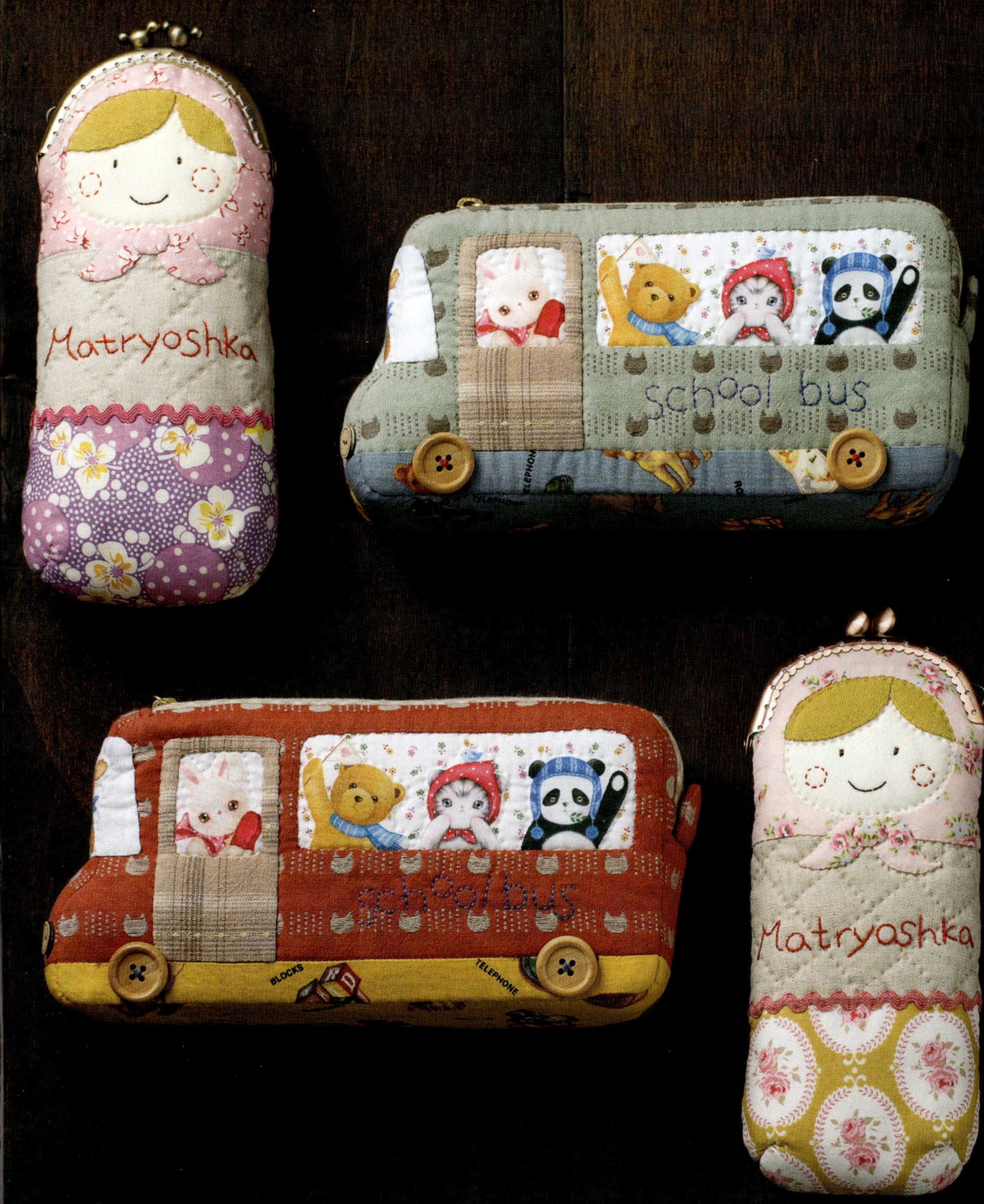
Matryoshka
school bus
school bus
BLOCKS
TELEPHONE
Matryoshka

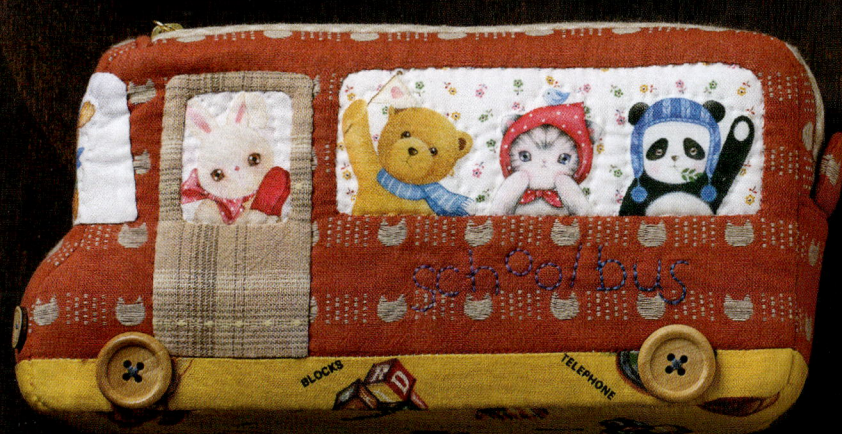

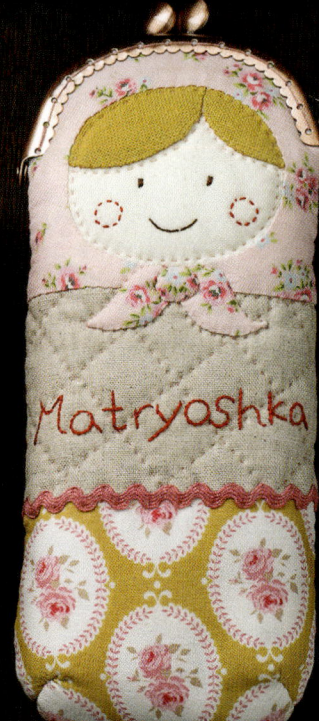

㉙ 스쿨버스 필통

난이도 중급 ★★★
사이즈 20.5×10cm, 폭 4.5cm

29 스쿨버스 필통

준비하기
바탕 원단(40×40cm), 바닥 원단(30×30cm), 버스 문 원단(10×10cm), 동물 커트지 1 CUT, 안감(55×40cm), 바이어스(50×3.5cm), 지퍼(25cm) 1개, 나무단추(20mm) 4개, 야자단추(11mm) 2개, 미니 단추 2개, 파랑계열 수실 2종 1마씩, 가방솜(55×40cm), 2온스 접착솜(고리용, 10×10cm)

재단하기
특별한 표기 없는 부분은 시접 7mm를 남기고 재단합니다.
앞판 위 A 겉감: 실물본 1장, **뒷판 위 A1 겉감**: 실물본 1장, **앞판 아랫부분 B 겉감**: 실물본 1장, **뒷판 아랫부분 B1 겉감**: 실물본 1장, **버스 문 C**: 실물본 1장, **옆판 앞 D 겉감**: 실물본 1장, **옆판 상부 E 겉감**: 실물본 2장, **옆판 뒤 F 겉감**: 실물본 1장, **바닥 G 겉감**: 실물본 1장, **옆판 앞 유리 동물 H**: 실물본 1장, **앞판 버스 문 동물 I**: 실물본 1장, **앞판 버스 창문 동물 J**: 실물본 1장, **고리 K**: 실물본 2장, **앞판 안감**: A+B 전체 크기 1장, **뒷판 안감**: A1+B1 전체 크기 1장, **옆판 하부 안감**: D+G+F 크기 1장(전개도 시접 참고), **옆판 상부 안감**: E 실물본 2장(전개도 시접 참고), **앞판 솜**: A+B 전체 크기 1장, **뒷판 솜**: A1+B1 전체 크기 1장, **옆판 하부 솜**: D+G+F 크기 실물본 1장, **옆판 상부 솜**: E 실물본 2장, **고리 K 접착솜**: 실물본 1장

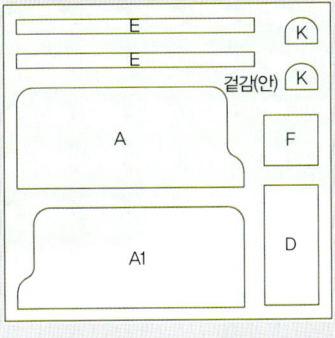

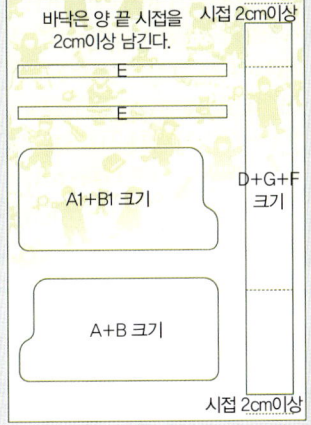

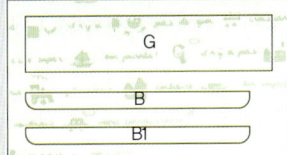

스쿨버스 필통 만들기

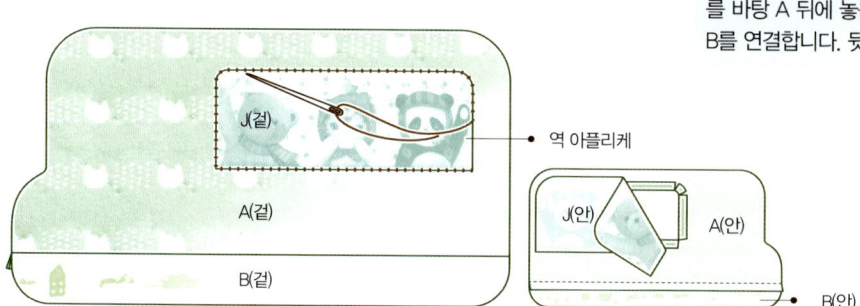

01 앞판 겉감 A에 J를 역 아플리케합니다(아플리케 J를 바탕 A 뒤에 놓음). 여기에 앞판 아랫부분 겉감 B를 연결합니다. 뒷판도 A1과 B1을 연결합니다.

02 '앞판(안감 겉+겉감 겉 만나게)+솜' 순서로 겹쳐 창구멍을 남기고 둘레를 바느질합니다. 시접의 솜만 바느질 선에 맞춰 바짝 자르고, 곡선 부분의 시접에는 가위집을 주어 뒤집습니다. 앞판과 뒷판을 같은 방법으로 각각 만듭니다.

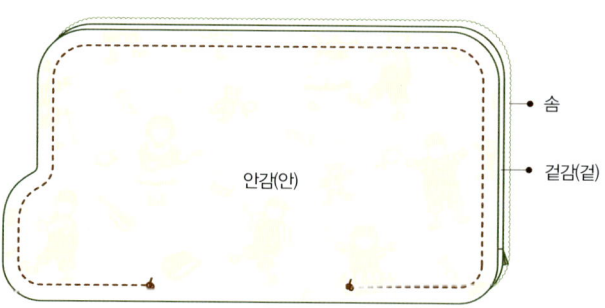

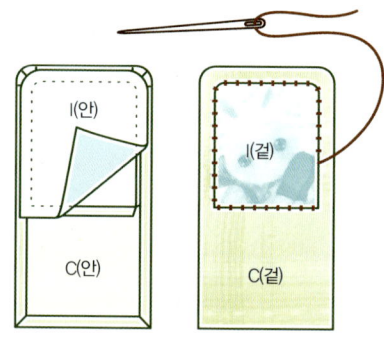

03 버스 문 C에 I를 역 아플리케합니다(C 뒤에 I가 위치).

04 공그르기로 창구멍을 막고 C를 앞판에 아플리케한 후 그림처럼 퀼팅과 스티치를 합니다.

05 뒷판도 창구멍은 공그르기로 막고 그림처럼 퀼팅한 후 스티치하고 장식단추를 답니다.

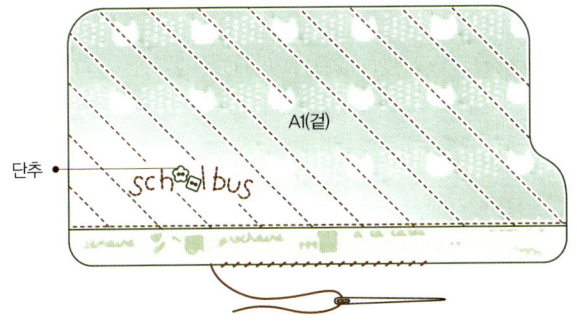

06 옆판 하단 겉감은 D+G+F를 연결하여 1장으로 만듭니다.

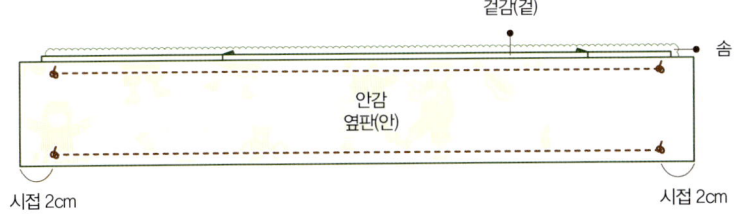

07 '옆판 하부(안감 겉+겉감 겉 만나게)+솜' 상태로 겹쳐 양쪽 옆선을 바느질하고 시접의 솜만 바느질 선에 맞춰 바짝 자릅니다. 이때, 안감은 그림처럼 양쪽 끝 시접을 충분히 남기세요.

08 겉이 보이게 뒤집어서 연결선 부분을 퀼팅하세요.

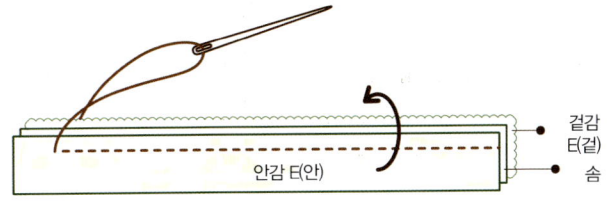

09 옆판 상부 E를 '안감 겉+겉감 겉 만나게+솜' 순서대로 겹쳐서 한쪽 면만 바느질하여 시접의 솜은 바짝 자르고 뒤집습니다.

10 그림처럼 바이어스하세요. 완성했을 때 바이어스를 포함한 폭이 2cm가 되도록 하세요. 이렇게 2개를 만듭니다.

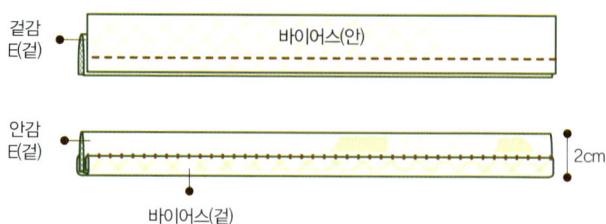

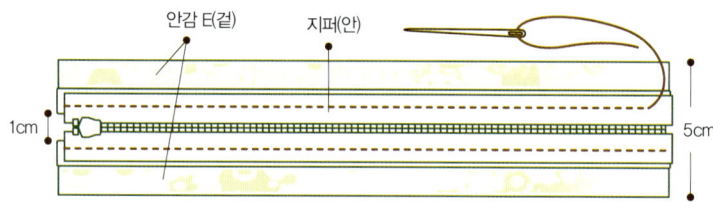

11 옆판 상부 E 2개 사이에 지퍼를 답니다. 그림처럼 E의 안쪽에 지퍼를 시침질한 후 반박음질합니다. 바늘땀이 겉감으로 보이지 않도록 주의하고, 전체 폭은 5cm가 되도록 맞추세요.

12 옆판 하부와 상부 지퍼 부분을 연결합니다. 하부 안감의 여분으로 연결한 시접을 감싸 공그르기하세요.
★ 상부, 하부 연결 전 지퍼를 닫았을 때 지퍼 고리가 앞쪽으로 오도록 위치를 잡으세요.

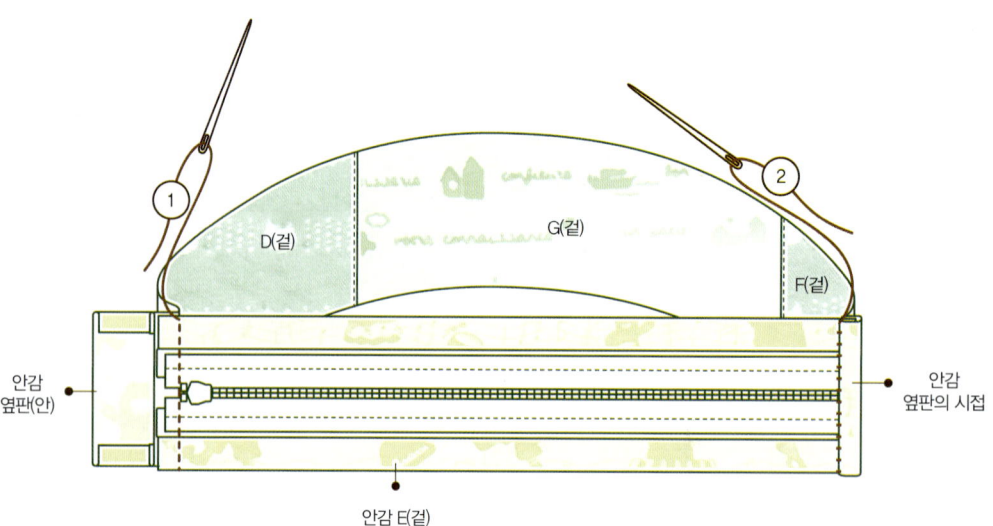

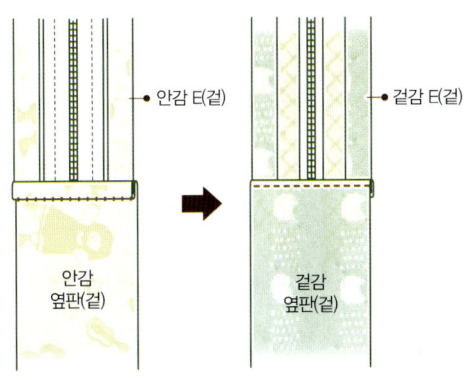

13 시접은 옆판 하부 쪽으로 꺾어서 안감 쪽에서 공그르기로 바탕에 붙이고 그림처럼 겉에서 박음질로 눌러 고정하세요.

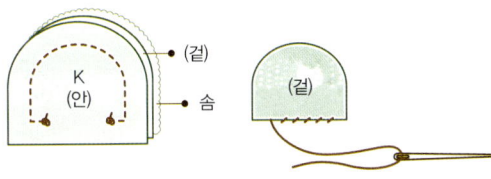

14 고리 원단 K로 그림처럼 고리를 만드세요. (앞판 만들기와 같은 방법)

15 앞판, 옆판, 뒷판을 공그르기로 연결합니다. 틀어지지 않도록 위치를 잘 맞추세요. 안쪽에서도 한 번 더 공그르기하여 튼튼하게 연결합니다. 큰 단추를 달아서 바퀴를 만드세요. 고리 K도 뒤쪽에 공그르기로 답니다.

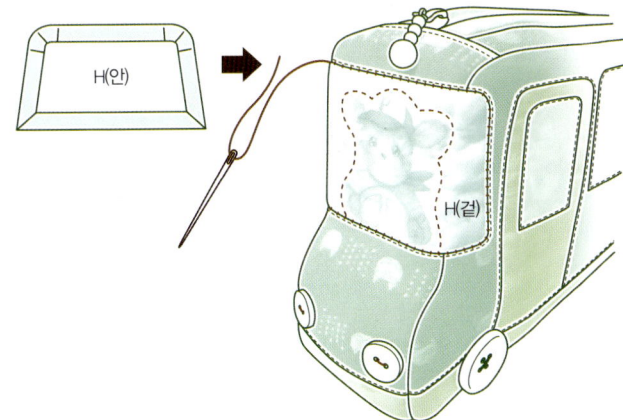

16 버스 앞 유리 H를 공그르기로 붙이고 작은 단추를 달아 라이트를 표현하면 완성입니다.

5 · 선물하기 좋은 필통 만들기

30 마트료시카 필통

난이도 초급 ★★
사이즈 10×23cm

30 마트료시카 필통

준비하기
두건 원단(30×15cm), 리넨 원단(20×15cm), 하부 원단(25×15cm), 얼굴 원단(10×10cm), 머리카락 원단(10×10cm), 안감 원단(30×25cm), 갈색 수실 50cm, 빨강 수실 180cm, 리크랙 30cm, 860 프레임 1개, 5온스 솜(30×25cm)

재단하기
특별한 표기가 없는 부분은 시접 7mm를 남기고 재단합니다.
앞판 위 A 겉감: 실물본 1장, **앞판 가운데 B 겉감**: 실물본 1장, **앞판 아래 C 겉감**: 실물본 1장, **뒷판 위 D 겉감**: 실물본 1장, **뒷판 가운데 E 겉감**: 실물본 1장, **뒷판 아래 F 겉감**: 실물본 1장, **얼굴**: 실물본 1장, **머리카락**: 실물본 1장씩, **스카프 원단**: 실물본 1장씩, **안감**: 전체 크기 2장, **솜**: 전체 크기 2장

마트료시카 필통 만들기

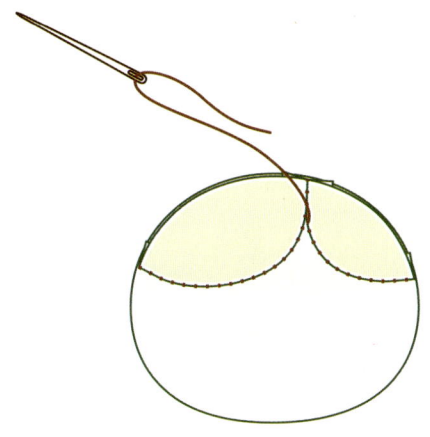

01 얼굴 원단에 머리카락 원단을 아플리케하세요.

02 앞판 상부 A의 얼굴 부분에 시접을 남기고 구멍을 냅니다. 시접에 가위집을 넣은 후 안쪽으로 접어 넣고 얼굴을 A 뒤에 대어 역 아플리케합니다.

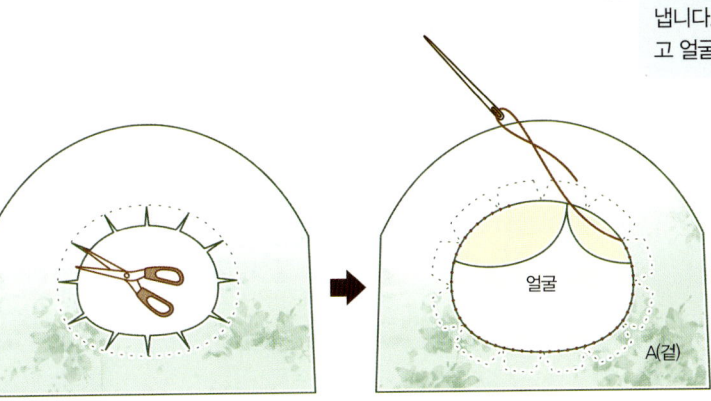

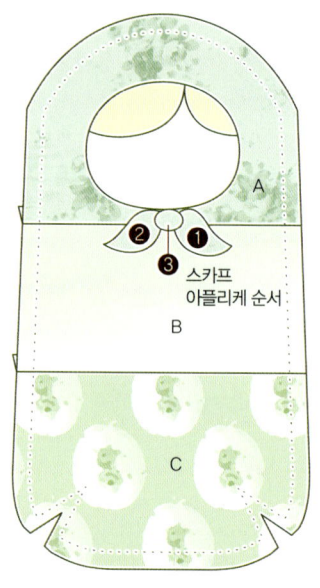

03 앞판 'A+B+C'를 연결합니다. 모두 연결한 후 스카프를 번호 순서대로 아플리케하세요.

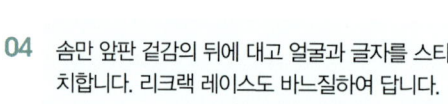

04 솜만 앞판 겉감의 뒤에 대고 얼굴과 글자를 스티치합니다. 리크랙 레이스도 바느질하여 답니다.

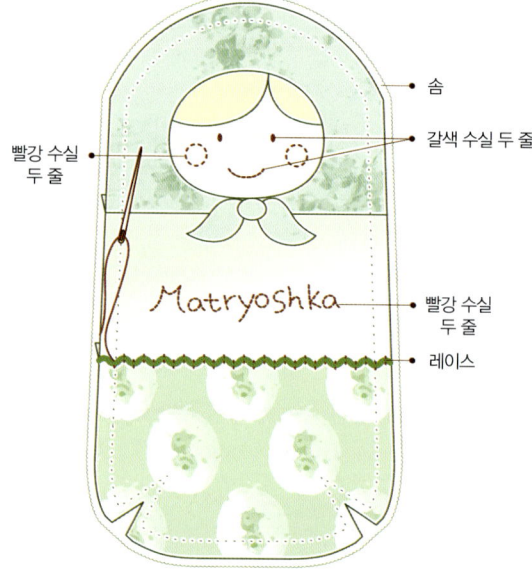

05 몸체를 '안감 겉+겉감 겉 만나게+솜'의 순서로 겹쳐 창구멍을 남기고 바느질한 후 시접 솜은 바느질 선 가까이 바짝 자르고 뒤집습니다.

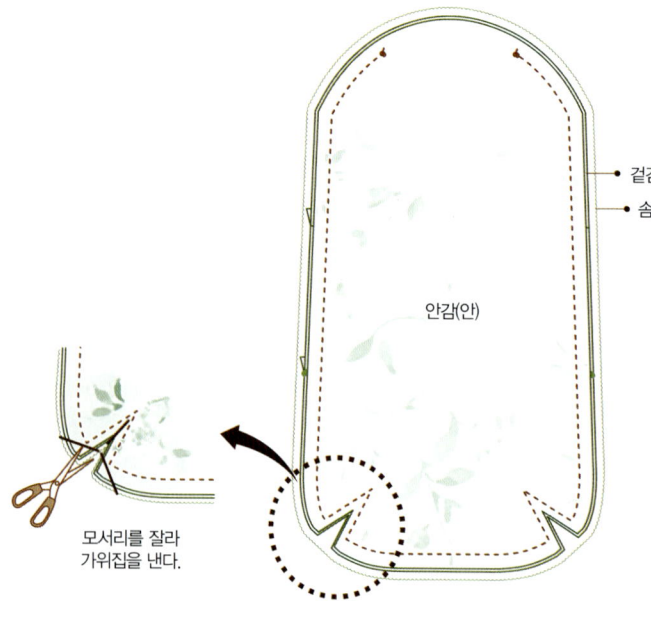

06 뒤집어서 창구멍은 공그르기로 막고 퀼팅을 합니다. 퀼팅한 후 다트를 공그르기로 바느질합니다. 퀼팅 라인은 패턴을 참조하세요.

07 뒷판도 앞판과 같은 방법으로 만드세요.

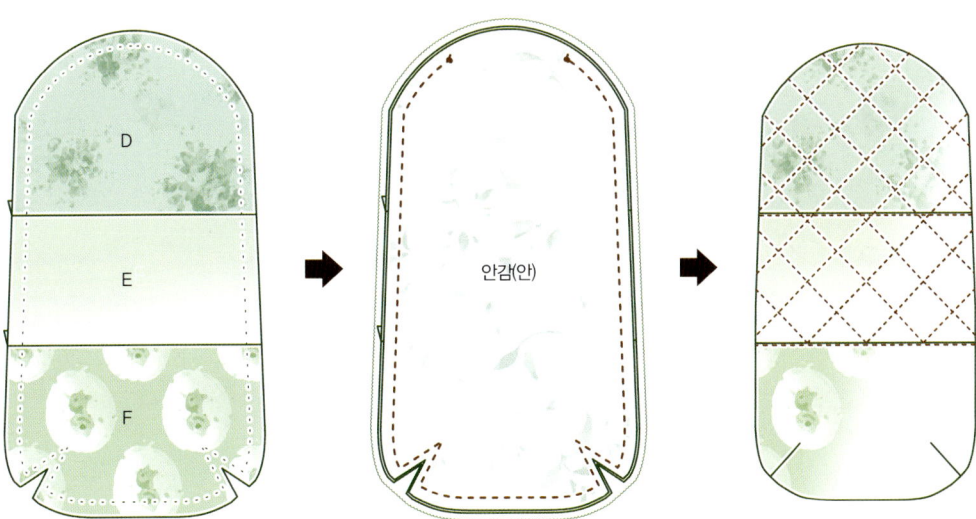

08 앞판과 뒷판의 옆선을 공그르기로 연결합니다. 뒤집어서 안감 쪽에서도 공그르기합니다. 연결할 때 아래 중심에서 바느질을 시작합니다.

09 프레임을 달면 완성입니다.

28. 네코냥 파우치